Parlons peu…

Parlons Culture !

Biographie de Juliette & Maud*

** Toute non-ressemblance avec la vraie vie des auteures du livre est voulue*

Juliette naît un matin de novembre dans la banlieue ouest de New Delhi, dix ans avant Maud.

Juliette : Dix ans, vraiment ?

Ses parents, dignes héritiers d'une grande entreprise familiale de poignées de portes datant de 1850, bref, des colons…

Juliette : De gentils colons !

… et fervents défenseurs de la cause infantile des enfants, transmettent à Juliette des valeurs de tolérance, d'ouverture d'esprit et la totalité de leur fortune. À l'adolescence, alors qu'elle termine de construire de ses propres mains une école pour orphelins, manchots et allergiques aux acariens, Juliette rencontre Rodrigo : il est alors un jeune éphèbe espagnol, à l'accent prononcé et au slip bien échancré. C'est le coup de foudre immédiat. Juliette ne quittera plus Rodrigo. Rodrigo ne quittera plus son slip. Ils s'installent à Madrid où ils adoptent leur premier lion prénommé Bimbo le Lion. Juliette entame ensuite de brillantes études de commerce à la LBSTBTW (la London Business School of The Best of The World.) Ça ne lui servira à rien. Pas grave, Juliette est experte en tout. Enfin, c'est ce qu'elle croit… Son destin bascule un soir de queue leu leu. Empêtrée dans cette danse dont elle ignore les pas, elle est sauvée par une magnifique blonde semblable à Vénus sortant du Nil…

Juliette : Bon, Maud, arrête d'écrire ma bio !

Maud : Ben quoi, il faut coller au plus près de la réalite, non ?

Juliette : C'est ça ! Passe à la tienne !

Un dimanche de printemps, alors que le soleil se couche sur le sable doux et fin de Dunkerque, alors que les tourterelles entament leur chant journalier et alors que la zone industrielle crache son énième fumée tellement noire que si tu la respires et l'éternues ça fait du goudron, Maud voit le jour. Après une enfance heureuse à courir entre les champs de betteraves et les blockhaus de la guerre de 40, Maud découvre le théâtre et, par la même occasion, son chemin : plus tard, elle sera Romy Schneider... Elle enchaîne les « Merci, on vous rappellera », les « T'es gentille mais on va plutôt prendre la fille de V. Bolloré » ou encore « Évidemment que tu as le rôle ! Mais avant, un dernier jeu : combien j'ai de bites ? »
Ne sachant que répondre...

Juliette : Pourtant, c'était facile !

... elle décide de lever le pied et le coude. C'est au cours d'une chenille endiablée lors d'un apéro qu'elle rencontre Juliette. Cette dernière, totalement dénuée de rythme, se faisait labourer les pieds par tonton Jeannot qui allait trop vite pour elle. Maud, vaccinée aux chenilles depuis l'enfance, l'a immédiatement prise sous son aile.

Maud : J'ai un bac +5 en queue leu leu, obtenu haut la main dans les mariages dunkerquois !

La suite, vous la connaissez : création du programme *Parlons peu... Parlons cul !*, succès immédiat, disque de platine, 7 d'or, égérie du garage « Chez Lulu » de Saint-Cirq-Lapopie... Et ce n'est qu'un début...
Par ailleurs, Maud, célibataire, cherche toujours l'amour de sa vie. C'est-à-dire Bradley Cooper.

Maud : Ça pose un problème à quelqu'un ? Non ? Alors, on enchaîne !

Préface de la maman de Maud

Un livre : voilà une chose que j'aurais jamais espérée pour ma fille ! C'est vrai que, pour l'instant, je l'ai surtout vue échouer dans ses projets les uns après les autres, je me suis souvent dit :« Boudiou, qu'est-ce qu'elle va devenir, cette gamine ? » Son père me disait : « Bah, au pire, elle revient au bercail et elle reprend la crèmerie familiale ! » Ce qui, en soi, n'est pas une mauvaise idée, on est à court de personnel, d'ailleurs si vous connaissez des gens passionnés par le beurre, on est intéressés ! Bref, un livre, quelle fierté ! Je vais enfin pouvoir dire aux voisins ce que fait ma fille dans la vie ! Et quand elle nous a dit que la totalité de ses gains seraient directement reversés sur nos comptes en banque pour qu'on puisse partir aux Seychelles, j'en ai eu les larmes aux yeux.

Maud : Hein ?? J'ai jamais dit ça !

S'il te plaît, chérie, je parle... Non, vraiment, quelle générosité ! Bon, par contre, elle nous avait dit que son livre s'appelait *Cholestérol et empreinte carbone : la vraie enquête*, donc on est un petit peu surpris... Mais c'est pas grave, on est contents pour elle ! Dernière chose : on vend notre XM rouge de 90, elle roule encore bien, nous on fait Dunkerque-Calais en trois heures, c'est vous dire ! Si vous êtes intéressés, vous avez qu'à contacter Maud au 06 44 93...

Préface de la maman de Juliette

Bonjour ma chérie, c'est maman. Avec ton père, on voulait savoir si tu comptais reprendre tes brillantes études de commerce ? Si non, peux-tu nous rembourser l'investissement ? Merci. Bisous. Maman.
P-S : Récupère ton lion, il est encombrant et il bouffe les hortensias.

JACQUELINE PORTE-OUVERTE VOUS DONNE SES PRÉCIEUX CONSEILS !

Si vous ne voulez pas d'IST, évitez-les.

Si vous voulez être en couple, soyez à deux.

Si vous êtes allergique au latex, ne mettez pas de latex.

Si vous préférez les parties à plusieurs, soyez plusieurs.

Si vous voulez avoir un orgasme, prenez du plaisir.

Si quelqu'un vous plaît, c'est que vous êtes attiré(e) par cette personne.

Si vous faites l'amour dans la neige, vous aurez froid.

Si vous êtes constipé, mangez des pruneaux.

Si vous voulez parler à votre partenaire, communiquez.

Mieux vaut être célibataire que mort.

LES MECS À ÉVITER

LES MÉCHANTS
#mercijacquelineporteouverte

LES MECS À PRIVILÉGIER

LES HOMMES QUI VOUS CORRESPONDENT ET FONT VOTRE BONHEUR
#mercijacquelineporteouverte

Maud : Ou bleue !

#mercimaudpourcetteblaguedemerde

PETIT GUIDE DU CONSENTEMENT MUTUEL

Imaginons que ce livre soit un acte sexuel...

Juliette : Ça voudrait dire qu'on aurait couché ensemble, Maud !

Maud : C'est une image, Juliette...

CAS 1

Si vous proposez :

Juliette : Maud, tu viens lire le livre avec moi ?*

Et qu'elle répond :

Maud : Oui, avec plaisir ! C'est mon livre préféré !*

Le consentement mutuel est respecté.

*Attention : le consentement mutuel s'applique à l'ensemble de la population, et pas seulement à Juliette et Maud.

CAS 2

Si vous proposez :

Juliette : Maud, tu viens lire le livre avec moi ?

Et qu'elle répond :

Maud : Euh oui, pourquoi pas.

Vous pouvez lui laisser de la place sur le canapé mais rappelez-vous qu'il est possible qu'elle ne change d'avis. Dans ce cas, ne dites pas : « Allez... Juste une page ! Une ligne ! Un mot ! Un mot c'est rapide ! »

CAS 3

Si vous proposez :

Juliette : Maud tu viens lire le livre avec moi ?

Et qu'elle répond :

Maud : Non merci.

Ne pensez jamais qu'il puisse s'agir d'un « non, mais si tu insistes un peu... » *Non* ne signifie pas autre chose que *non*. Fermez le livre et proposez-lui un bon Scrabble.

Maud : Je déteste le Scrabble

Juliette : C'est une image, Maud.

Pas besoin de vous énerver, de lui reprocher, de lui faire du chantage, ni de lui montrer votre agacement.

CAS 4

Si vous proposez :

Juliette : Maud, tu viens lire le livre avec moi ?

Et qu'elle répond :

Maud : Oui, merci.

Commence à lire, et déclare :

Finalement j'ai plus envie, ce livre est pas drôle.

Ne dites pas :

Quoi ?! Il est pas drôle ce livre ?! Mais on marche sur la tête ! Bien sûr que si, il est drôle, il est même très très drôle !!!!

Maud : En même temps, qui dit « on marche sur la tête » ?!

Sachez que c'est tout à fait son droit de changer d'avis en cours de lecture et c'est à vous de vous adapter et de l'accepter.

CAS 5

Maud est un peu pompette après deux ou trois coupes de champagne, et elle s'est endormie sur le canapé. Si vous proposez :

Juliette : Maud, tu viens lire avec moi ?

Et qu'elle ne répond pas, ne lui mettez pas le livre devant les yeux ou entre les mains. Ne prenez pas son absence de réponse pour un oui. Visiblement, elle ne veut pas lire ou faire un Scrabble, elle veut juste dormir !

Maud : Et quand je dors, on me fout la paix !

Ne lisez jamais avec une personne inconsciente.

Juliette : Sachez également que l'abus d'alcool est dangereux pour la santé.

CAS 6

Si vous proposez :

Juliette : Maud, tu viens lire le livre avec moi ?

Et qu'elle répond :

Maud: Oui, pourquoi pas !

Cette réponse positive est valable maintenant et uniquement maintenant. Pas à vie. Donc, ne vous pointez pas chez elle, votre livre à la main en lui agitant sous le nez et en justifiant votre geste par un très malvenu « mais samedi dernier, tu m'avais dit oui ! »

EN RÉSUMÉ, VOUS L'AUREZ COMPRIS : L'IMPORTANT EST DE TOUJOURS AVOIR L'ACCORD DE L'AUTRE !

Juliette : Sinon vous pouvez toujours lire seul, c'est sympa aussi!!!!

Belle...

À la préhistoire

EN 25 000 AVANT J.-C., l'idéal féminin, c'est la Vénus de Willendorf. On a retrouvé plusieurs statuettes similaires à travers l'Europe, et même si on se doute que toutes les femmes ne ressemblaient pas à ça, ça n'en reste pas moins les premières représentations féminines au monde.

Juliette : Avant J.-C. ?? Comprends pas. Jules César ? Jean-Claude ?

Juliette : C'est mignon, ils lui ont même fait une choupette !
Maud : Pas de choupette, pas d'humanité !
Juliette : C'est pas « Pas de bras, pas de chocolat » la blague ?

POINT HISTORICO-SEXO

La reproduction était essentielle mais pas que ! Toutes les bases de notre sexualité moderne existaient déjà. D'ailleurs, on a retrouvé (enfin, pas nous directement mais plutôt des mecs dont c'est le métier) des représentations de phallus en pierre dans des grottes datant de l'ère paléolithique ! Ils avaient même le temps de faire des sex toys, ils étaient vraiment trop forts !

PLACE DE LA FEMME

Il n'y a pas de preuve que la femme ne faisait que des vêtements ou des bœufs bourguignons enfermée dans sa grotte. Quand on regarde son squelette (enfin... quand des mecs dont c'est le métier regardent son squelette !), la femme a, au bras, une attache musculaire comparable à celle de l'homme. Apparemment, elle chassait aussi ! À moins que ce ne soit le fruit de trop de chorés endiablées sur leur tube de l'été...

PLACE DU POIL

On pense naïvement que l'épilation est une pratique moderne. Que nenni ! L'épilation est apparue très tôt dans l'histoire du poil, le but étant simple : se différencier des animaux. On a même retrouvé des pinces à épiler.

Maud : « Que nenni » c'est encore autorisé comme expression ?

SECRET DE BEAUTÉ

Les femmes de la Préhistoire avaient vraisemblablement les cheveux crépus. Certaines statuettes de l'époque laisse entendre qu'elles se tressaient les cheveux. Esprit pratique !

Les meilleurs endroits pour un premier rendez-vous !

Juliette : En Espagne dans oune lit à baldaquin devant le courhé dé soleil !

(accent espagnol pitoyable)

Maud : Quoi de mieux que la plage de Dunkerque ?

Juliette : Oune lit à baldaquin devant le courhé dé soleil !

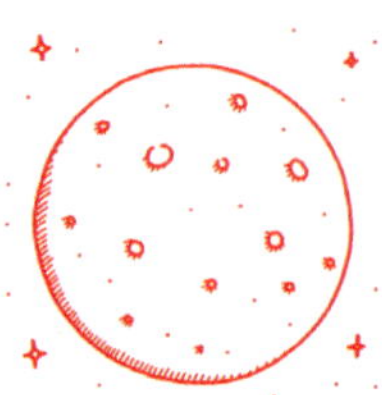

Neil Armstrong : Sur la Lune.
Bill Gates : OK sur la Lune, on part quand ?
Kim Kardashian : On peut prendre des selfies sur la Lune ?

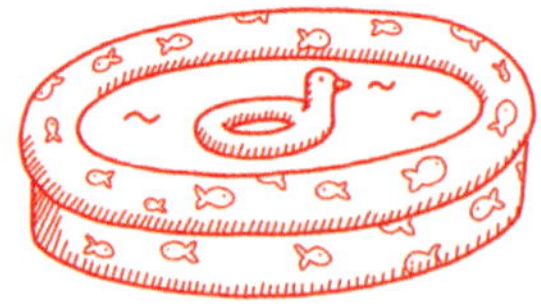

Camille Lacourt : La piscine.
Loana : OK la piscine.
Romy Schneider et Alain Delon : La piscine aussi !
Les Gremlins : Nous aussi ! Un bain de minuit !

Gollum : Dans les grottes du Gondor.

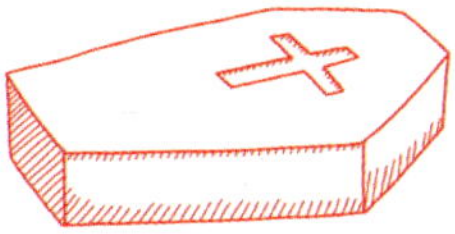

Mylène Farmer : Un cercueil.
Blanche-Neige : Deux !

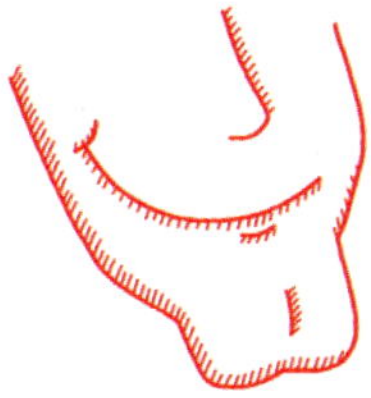

Les frères Bogdanov : À Menton.

Johnny Hallyday : Devant une cheminée pour allumer le feu !

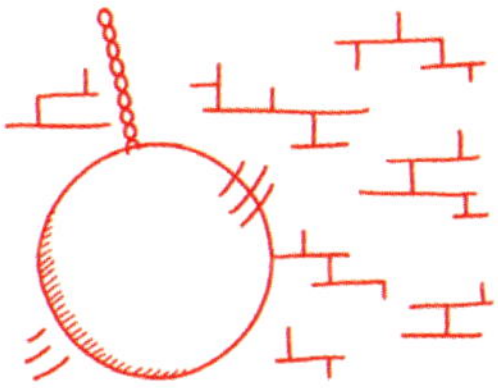

Miley Cyrus : Dans un endroit en travaux, avec des grosses boules sur lesquelles on peut se déplacer.

Le Petit Poucet : En forêt.
Le Chaperon rouge : Moi aussi.
Blanche-Neige : Ah oui, aussi.

Tintin : Un rendez-vous quoi ? Galant ? Pour quoi faire ? Je ne comprends pas...

J.-P. Pernault : À Fontaine-les-Oliviers, à la Foire du sabot.
Miss France : Moi aussi, car je risque de passer dans le coin !

ADOPTE UN MARI

Georges, *21 ans, Verdun*

Yeux : Marrons
Cheveux : Bruns
Pilosité : Poilu
Style : Ancien Poilu
Profession : Vendeur d'œufs
Hobby : Bilboquet
J'aime manger : Des œufs
Signe particulier : Pas entier

Description

Mutilé de guerre et homme aux goûts simples, cherche jeune femme douce et possédant si possible la totalité de ses membres. Veuve acceptée.

Marcel, *27 ans, Bièvres*

Yeux : Un seul
Cheveux : Châtains
Pilosité : Rasé de près
Style : Maurice Chevalier borgne
Profession : Livreur de journaux
Hobby : Opérette
J'aime manger : Chez ma mère
Signe particulier : Chique du tabac

Description

Homme ayant des économies cherche à correspondre avec splendide danseuse noire vêtue d'un pagne de bananes, aperçue hier soir au Standard Theater.

André, 24 ans, Lausanne

Yeux : Marrons
Cheveux : Bruns
Pilosité : Moustache
Style : Clark Gable
Profession : Directeur d'une entreprise de farine
Hobby : Rouler avec ma Ford T
J'aime manger : Ce que ma future femme me préparera
Signe particulier : Une dent en or

Description

Jeune homme à l'éducation irréprochable épouserait jeune femme, maximum 20 ans, parfaite cuisinière et femme d'intérieur. Possibilité de sortie une fois par semaine. Belle résidence.

Henri, 19 ans, Courtecon

Yeux : Marrons
Cheveux : Roux
Pilosité : Barbe de trois jours
Style : Vincent Van Gogh
Profession : Laitier
Hobby : Chansonnier
J'aime manger : Quand il y a à manger
Signe particulier : Fan de Louise Brooks

Description

Jeune homme aux goûts simples prendrait jeune femme ressemblant de près ou de loin à Louise Brooks. Joindre photo.

Pression
magazine

NOTRE PASSION ? VOUS METTRE LA PRESSION !

Cet abonnement « Pression Magazine » vous est offert par :

☐ Votre famille ☐ Vos amis ☐ Votre employeur ☐ La société

Pour tout abonnement sous 48 minutes, recevez en cadeau le tout nouveau hors série
« LE LÂCHER-PRISE OU L'ARNAQUE DU SIÈCLE » et un savon.

- -

On m'abonne : ☐ À vie

Nom : ....
Prénom : ....
Adresse *pour vous écrire tous les jours :* ....
Téléphone *pour vous joindre 24h/24 :* ....

Bulletin à découper et renvoyer à :
Pression Magazine
15 rue de la Culpabilité
50 000 Bourre-le-Mou

Conformément à la loi informatique et libertés, vous disposez d'un droit et de rectification aux données vous concernant, mais qui s'annule automatiquement quand vous lisez ce libellé.

Pression
magazine
SPÉCIAL FEMME
Beauté
Ne vieillissez plus !
PHÉNOMÈNE
Ces courageuses femmes au métier d'homme
Enquête
Les femmes drôles sont-elles des hommes ?
RENCONTRE
Elles manifestent contre le temps qui passe
Sexe
Soyez libérée mais pas trop non plus !
NOUVELLE TENDANCE
Retour de l'épilation à l'arsenic !
Top 10 des blagues nulles qui valoriseront celles de votre compagnon !
MODE : SOYEZ SEXY MAIS PAS TROP NON PLUS !
CARRIÈRE OU BÉBÉ ?
IL FAUT CHOISIR !
RÉGIME
Le verre d'eau par jour !
CINÉMA
Audrey Tautoutar :
« J'aime ce rôle de faire-valoir inutile »

ZOOM SUR UN ÉTAT AMOUREUX MODERNE :

Qu'est-ce que le PCRA ?

Les célibataires, on connaît. C'est juste des gens qui n'ont pas encore trouvé la bonne personne avec qui partager leur vie. Comme Maud.

Juliette : Oui, voilà, c'est quelqu'un(e) qui est profondément seul(e) parce que personne ne veut de lui ou elle, qui se plaint toute la journée, qui est jaloux(se) de tout le monde, qui est aigri(e)...

Maud : Non, Juliette, ça c'est juste un con.

Un couple, c'est comme Rodrigo et Juliette, c'est-à-dire deux personnes qui s'aiment (normalement), qui ont des projets de vie (normalement) et qui couchent ensemble (normalement) régulièrement (normalement…)
Dans le mot sexfriend, il y a *sex* et *friend,* donc ce sont des amis qui couchent ensemble sans aucun engagement.
Le PC, plan cul (et non pas Parti communiste), ce sont juste deux personnes consentantes qui ont un but commun : le plaisir charnel, rien d'autre. Ils peuvent ne pas se connaître et n'ont aucune obligation de se revoir.

Maud : Ils peuvent quand même se faire la bise, c'est plus courtois !

Justement : le PCR (plan cul régulier), c'est entre le sexfriend et le plan cul : vous vous faites la bise, mais vous n'êtes pas amis.
Maintenant qu'on a les bases, voyons l'objet de cet article : le PCRA, dit aussi plan cul régulier affectif. Ce sont des gens qui couchent (ensemble), vont au resto (ensemble), au ciné (ensemble), chez Ikea (ensemble), bref passent du bon temps (ensemble).

Maud : Moi j'aime bien, ça !

Juliette : Mais ça ressemble vachement à un couple, non ?

L'avis de Jacqueline Porte-ouverte :

Attention à ne pas confondre PCRA et RATP : le ticket de métro ne se met pas au même endroit.

Pour plus de précisions, rencontrons ces 2 personnes que nous appellerons, de manière anonyme, Jacquie et Michel.

Maud : Je suis pas sûre du choix des prénoms...

JULIETTE : Jacquie et Michel, vous êtes ce que l'on appelle un PCRA, pouvez-vous nous raconter votre quotidien ?

JACQUIE : Eh bien, on est ensemble depuis dix ans…

MICHEL *la coupe gentiment* : Ah non, rectification, on « se fréquente » depuis dix ans !

JACQUIE : Ah oui, tu as raison, pardon ! On « se fréquente » depuis dix ans ! On s'apprécie beaucoup, on se fait des pique-niques, des bowlings, des restos, et même des voyages ! Et on couche ensemble bien sûr. Et sans aller voir ailleurs.

JULIETTE : Pardon mais ça ressemble beaucoup à Rodrigo et moi.

MICHEL ET JACQUIE *rient* : Mais voyons, ça n'a rien à voir ! Vous êtes un couple !

JULIETTE : C'est quoi la différence ?

JACQUIE : Eh bien un couple, ce sont deux personnes qui s'apprécient beaucoup, qui se font des pique-niques, des bowlings, des restos, et même des voyages et qui couchent ensemble, bien sûr. Et sans aller voir ailleurs.

JULIETTE : Euh... Eh bien merci Jacquie et Michel !

L'avis de l'expert

La différence entre PCRA et couple, c'est que l'entourage est tenu à l'écart pour ne pas valider la réalité de la relation, l'exclusivité n'est pas absolue, les objets caractéristiques de la vie de couple ne peuvent pas être inclus : voiture, maison, albums photo, etc. Mais faire un enfant n'est pas totalement exclu.

Juliette : C'est ce que je disais, ça ressemble beaucoup à Rodrigo et moi !

Jacquie et Michel et l'expert : Rien à voir !!

Prochainement dans votre groupe d'amis

Le PCRAMPTNPPQSÇFUC :

Le Plan Cul Régulier Affectif Mais Pas Trop Non Plus Parce Que Sinon Ça Fait Un Couple

Maud : Ça va être compliqué sur la déclaration d'impôts...

Belle...

Dans l'Égypte ancienne

L'ÉGYPTE ANCIENNE A CONNU DE VRAIS CANONS DE BEAUTÉ ! À cette époque, qui dure des millénaires, la femme idéale est grande, athlétique et sans âge. Et la beauté se porte jusque dans le prénom, comme Néfertiti, qui signifie « La belle est arrivée ».

POINT HISTORICO-SEXO

Rappelons qu'à cette époque le sexe et les relations charnelles, même avant le mariage, étaient très bien vus – les Égyptiens avaient déjà plus d'une vingtaine de mots pour désigner l'acte sexuel. D'ailleurs, les magazines coquins ne sont pas une invention récente, on a retrouvé des papyrus érotiques vieux de plus de 3 000 ans !

PLACE DE LA FEMME

Les Égyptiennes avaient de nombreuses libertés qu'on a mis des milliers d'années à reconquérir. Les femmes possédaient des biens, pouvaient divorcer et même devenir pharaon !

PLACE DU POIL

Les Égyptiens les plus riches aimaient s'épiler intégralement, le poil étant perçu comme impur.

Juliette : Déjà ?! Mais qu'est-ce qu'ils ont tous avec les poils ??

Eh oui : l'idée, depuis des lustres, est de s'éloigner le plus possible de l'animal !

SECRET DE BEAUTÉ

Les Égyptiens utilisaient beaucoup de cosmétiques. Le khôl, à base de plomb et de chlore, faisait office d'eye-liner, mais servait aussi de désinfectant contre les conjonctivites.

Maud : À base de plomb ?! Tu soignes ta conjonctivite mais tu perds ton œil, c'est ça ?

Les fards à base de céruse blanchissaient la peau. On utilise encore aujourd'hui certains de leurs ingrédients (beurre de karité, huile d'olive...) Très malins et avant-gardistes, ces Égyptiens !
Les plus riches portaient des perruques montées sur armatures, elles devaient être légères, aérées pour éviter les coups de chaud et servaient également à se protéger du soleil.

Maud : Une casquette, quoi...

Pour les grandes occasions, on mettait également sur la tête un cône de graisse parfumée qui embaumait la coiffure en fondant.

Juliette : Effet gras assuré !

Identité vs Orientation sexuelle

SEXE : *n. masc.* (du latin *sexus*) Définit l'organe sexuel. **Exemple :** *« C'est normal que mon sexe bleu soit aussi grand que mon corps entier ? »*, Schtroumpf Rocco.

IDENTITÉ : *n. fém.* Du latin *identitas, -atis,* du latin classique *idem, le même).*
Fait référence au genre auquel une personne a le sentiment d'appartenir (cisgenre, transgenre, agenre etc.) **Exemple :** *« On peut être du genre neutre ? »*, Andromède, *Les Chevaliers du Zodiaque.*

BINAIRE : *adj.* Se dit d'une personne se reconnaissant dans le sexe attribué à la naissance. **Exemple :** *« Je suis une femme »*, Barbara Gould.

NON BINAIRE : *adj.* Se dit d'une personne ne se reconnaissant pas dans le sexe attribué à la naissance. **Exemple :** *« Perso, c'est mon père qui m'a pas reconnue dans le sexe attribué à ma naissance »*, Lady Oscar.

Joue avec nous : relie le chiffre à la lettre correspondante

1. Tu es un garçon attiré par les filles/une fille attirée par les garçons.
2. Tu es un garçon attiré par les garçons/une fille attirée par les filles.
3. Tu es attiré(e) par les garçons et les filles.
4. Tu ressens de l'attirance sentimentale mais tu ne pratiques pas le sexe.
5. Tu es attiré(e) par tous les genres.
6. Tu refuses d'être étiqueté(e) selon ton orientation sexuelle.
7. Tu ressens de l'attirance sexuelle mais pas sentimentale.
8. Tu ressens une attirance sentimentale par tous les genres.
9. Tu te situes entre la sexualité et l'asexualité.
10. Tu ressens de l'attirance sexuelle si tu as déjà noué des liens affectifs.
11. Tu ne ressens de l'attirance sentimentale que si tu as déjà eu des relations sexuelles.
12. Tu ne veux pas être aimé(e) en retour.
13. Tu as plusieurs amants tout en respectant le consentement mutuel.
14. Tu as plusieurs amours tout en respectant le consentement mutuel.
15. Tu es attiré sexuellement par des gens non binaires.
16. Tu préfères les relations avec des liens affectifs très forts mais pas forcément amoureux.
17. Tu es attiré(e) par les garçons/filles habillés et maquillés de noir.
18. Tu as changé d'orientation plusieurs fois donc tu ne te définis pas.
19. Tu préfères les animaux.

A. Aromantique
B. Demi-romantique
C. Homosexuel
D. Panromantique
E. Bisexuel
F. Polysexuel
G. Émo-sexuel
H. Asexuel
I. Graysexuel
J. Hétérosexuel
K. Altersexuel
L. Skoliosexuel
M. Queerplatonique
N. Pansexuel
O. Lithromantique
P. Demi-sexuel
Q. Polyamoureux
R. Libre
S. Glauque

Réponses : 1J, 2C, 3E, 4H, 5D, 6K, 7A, 8D, 9I, 10B, 11P, 12O, 13F, 14Q, 15L, 16M, 17G, 18R, 19S

FICHE ADMINISTRATIVE D'AUJOURD'HUI

CIVILITÉ : ☐ Madame ☐ Monsieur ☐ Autre

GENRE :

☐ Cis mâle ☐ Cis femelle ☐ Transgenre
☐ Agenre ☐ Bigenre ☐ Hermaphrodite
☐ Intersexe ☐ Non binaire ☐ Allosexuel
☐ Pas encore décidé ☐ Pangenre ☐ Ça dépend ça dépasse
☐ Aucun ☐ Genderfucker

NOM : ....
PRÉNOM : ....
NOM DE PROFIL FACEBOOK : ....
TWITTER : ....
INSTAGRAM : ....
SNAPCHAT : ....
PERISCOPE : ....
PINTEREST : ....
AUTRE : ....

ADRESSE POSTALE PRINCIPALE : ....
....

ADRESSE DE VOTRE ANCIEN APPART que vous louez encore parce que vous n'avez pas donné votre préavis assez tôt : ....

ADRESSE MAIL 1 (celle que vous assumez) : ....
ADRESSE MAIL 2 (celle que vous donnez aux magasins qui proposent une carte de fidélité) :
....

ADRESSE MAIL 3 (la CaraMail que vous n'avez toujours pas désactivée) : ....
....

ADRESSE MAIL 4 : (celle que vous avez créée un soir alcoolisé et qui ne comporte que des mots vulgaires) : ....

SITUATION FAMILIALE :

☐ Célibataire ☐ Marié(e)/pacsé(e) ☐ Divorcé(e)/séparé(e) ☐ Veuf(ve)
☐ En couple ☐ En trouple ☐ Polyamoureux(se) ☐ Sexfriend
☐ PCRA ☐ PCRAMPTNPPQSÇFUC ☐ En union libre ☐ Plan cul
☐ C'est compliqué ☐ Amoureux mais c'est pas réciproque ☐ Autre : ....

NOMBRE D'ENFANTS À CHARGE (les vôtres, ceux de votre conjoint(e), ceux que vous avez eus avec vos meilleurs amis, votre conjoint(e), vos chats) : ....

N° DE SÉCURITÉ SOCIALE (commençant par 1 si vous êtes un homme, 2 si vous êtes une femme, 3 si vous êtes transgenre, 4 si vous êtes agenre, etc.) : ....

PERSONNE À CONTACTER EN CAS D'URGENCE en espérant qu'elle ait encore de la batterie : ....

Histoires des petites parades namoureuses insolites de nos zamis les zanimaux

Pour attirer sa copine Corinne, Arnaud le crapaud chante, usant de son plus bel organe. Ce qui fait aussi fuir les malotrus qui voulaient aussi se la taper !

Monsieur et Madame Méduse ne se voient jamais et pourtant font des bébés ! Magie ? Que nenni ! Monsieur Méduse libère ses copains les spermatozoïdes autour de lui et, de son côté, Madame Méduse les mange. Bon appétit !

Stacy et Eliott les marmottes dansent en sautillant. Mais comme ce sont de grands romantiques, ils agrémentent leur parade de grosses tapes dans la gueule. Qu'ils sont mignons !

José l'araignée s'approche en twerkant pour libérer des good vibes. Il faut dire que Gilberte, aveugle, peut le confondre avec Pouche la mouche, son plat préféré. Ce serait dommage de manger José !

Pour séduire sa dulcinée Dorothée, Oz le flamant rose a mangé ses copines Juliette et Josette les crevettes pour avoir un plumage rosé des plus colorés. Faut souffrir pour qu'Oz soit beau !

Juliette : On est obligées d'appeler la crevette qui se fait bouffer comme moi ?

Maud : Ça rime !

Maud la mante religieuse a l'esprit pratique : après s'être accouplée avec Sébastien son copain, elle le mange ! D'une pierre deux coups !

Maud : Ça rime pas du tout !

Éric le porc-épic frotte son petit museau sur Isabelle la femelle, puis se dresse sur ses patounettes et lui fait pipi dessus. Charmant, cet Éric.

Daniel le demoiselle, cousin de Ursule la libellule, s'envole très haut avec sa complice Anaïs. Ils s'envoient en l'air en formant un coeur. Plus charmant qu'Éric !

Yanis le baudroie des abysses s'accroche à sa moitié Chloé jusqu'à ce qu'il fusionne avec elle, ne laissant dépasser que ses petites noix pour que Chloé fasse des bébés. Vive les mères célibataires !

Bérangère, la couleuvre-jarretière, est tout excitée à l'idée de recevoir ses amis : elle a organisé le plus grand gang bang de l'humanité ! Qui réussira à lui faire un bébé ?

Le contrat de confiance

DÉFINITION DE LA FIDÉLITÉ :
Qualité de celui qui est fidèle à ses engagements
et aux engagements qu'il prend avec son partenaire.

Il y a souvent deux définitions de l'infidélité : une pour soi-même et une autre pour son conjoint. En couple, c'est important d'avoir la même définition. Alors, comme chez le célèbre vendeur de télés et d'aspirateurs, le mieux est de signer un « contrat de confiance » préalable à toute relation de longue durée. Remplissez ce contrat chacun de son côté et comparez vos réponses. Si vous avez plus de 25 % de différences, ça craint du boudin !

1) ÊTES-VOUS POUR...

- La monogamie
- La relation libre
- Le polyamour/sexuel

2) FAUT-IL AVOUER SON INFIDÉLITÉ ?

- Oui
- Non
- Oui, si c'est avec une célébrité dont votre partenaire est fan

3) PRÉFÉREZ-VOUS APPRENDRE SON INFIDÉLITÉ PAR...

- Votre conjoint(e)
- Son ex
- Sa mère
- Votre amant(e)
- *Paris Match* (par exemple si vous êtes Jennifer Aniston)

4) EST-CE QUE REGARDER DU PORNO C'EST TROMPER ?

- Oui
- Non
- Oui, si vous êtes un des acteurs principaux

5) EST-CE QUE SE MASTURBER C'EST TROMPER ?

- Non
- Non

6) EST-CE QUE L'AUTOFELLATION C'EST TROMPER ?

- Oui, c'est tromper l'anatomie
- Non, mais j'aimerais bien savoir faire ça

7) EST-CE QUE LE CYBERSEXE C'EST TROMPER ?

- Oui
- Non
- Ça dépend si on a la fibre ou pas

8) EST-CE QUE C'EST MIEUX DE…

- Penser à quelqu'un d'autre en couchant avec son/sa partenaire
- Penser à son/sa partenaire en couchant avec quelqu'un d'autre
- Penser à éteindre le gaz avant de partir

9) SI INFIDÉLITÉ IL Y A, PRÉFÉREZ-VOUS QUE CE SOIT POUR…

- Quelqu'un du même sexe que vous
- Quelqu'un d'un autre sexe
- Quelqu'un d'un autre monde

10) PRÉFÉREZ-VOUS QUE VOTRE CONJOINT(E) VOUS TROMPE…

- Sur la machine à laver
- Sur la table à repasser
- Sur le canapé convertible
- Peu importe, du moment qu'il y a encore la garantie

11) AVEC QUOI SOUHAITERIEZ-VOUS CHÂTIER VOTRE CONJOINT(E) INFIDÈLE ?

- La machine à laver
- La table à repasser
- Le canapé convertible
- Peu importe, du moment qu'il y a encore la garantie

Les insultes cul à ne pas prendre au pied de la lettre quand on est un garçon

VA NIQUER TA MÈRE

Nous n'avons jamais compris cette insulte ! Pourquoi votre agresseur veut-il absolument que vous couchiez avec votre maman ? Cela en dit long sur ses propres fantasmes, vous pouvez lui répondre en lui donnant l'adresse d'un bon psy.

VA T'FAIRE CUIRE UN ŒUF

Cela ne résoudra en rien votre rapport conflictuel. En revanche, ça pourra calmer votre petit creux (attention : pour la cuisson « à la coque », ne pas dépasser 4 minutes, très sympa avec des mouillettes et du jambon).

VA TE FAIRE ENCULER

Ceci n'est pas une obligation. Vous avez le droit de ne pas aimer cette pratique.

VA TE FAIRE FOUTRE

Idem, vous êtes tout à fait en droit de refuser.

PD

À moins que vous vous appeliez Patrick Dempsey de *Grey's Anatomy* et que ce soient vos initiales, cette insulte ne veut rien dire.

ESPÈCE DE GROS CON

Même si con signifie « vagin », cela ne signifie pas que vous en êtes un, ou que vous en avez un. Inutile d'aller consulter un spécialiste pour vérifier !

PETITE BITE

Comment votre agresseur peut-il le deviner alors qu'un pantalon vous sépare ?

Juliette : Moi je dis, il bluffe.

COUILLE MOLLE

Décidément, votre pantalon doit être troué au mauvais endroit pour que votre agresseur puisse faire un diagnostic aussi précis.

BRANLEUR

Ne signifie pas que vous êtes le spécialiste de la masturbation, encore moins que vous devez en faire un métier.

TROU DU CUL

À moins que vous ayez une protubérance exacerbée très visible et que votre agresseur ne fasse que pointer du doigt votre malformation, vous ne vous résumez pas à cette seule partie du corps, pas plus qu'à une narine ou une oreille.

FILS DE PUTE

C'est bizarre, cette insulte est beaucoup plus utilisée que le nombre réel de prostituées dans notre pays. De plus, elle ne prend pas du tout en compte le métier du papa ! Une insulte complète serait par exemple, au hasard : « Fils de pute et de chocolatier ! » #parité.

Les insultes cul à ne pas prendre au pied de la lettre quand on est une fille

COMME LES AGRESSEURS N'ONT PAS BEAUCOUP DE VOCABULAIRE, LES INSULTES SONT TRÈS LIMITÉES.

SALOPE

Cela ne veut pas dire qu'il est temps pour vous d'aller prendre une douche (comme le laisse entendre l'étymologie du mot), mais que votre agresseur critique votre nombre de partenaires, à croire qu'il est jaloux de ne pas en faire partie ?
À noter : cette insulte marche mieux pour une fille, traiter un homme de salope revient à souligner son nombre important de conquêtes et, par déduction, à lui faire un compliment.

PUTE

Le plus vieux métier du monde est beaucoup trop utilisé, au détriment d'autres professions. Aussi pour tomber plus juste et être plus représentatif, votre agresseur pourrait varier en vous traitant d'avocate, de maîtresse d'école, ou encore de pharmacienne, par exemple.
À noter : les métiers du secteur tertiaire sont plus facilement féminisés.

ALLUMEUSE

D'après ce qu'on a compris, c'est une fille qui ne couche pas. Donc, que vous couchiez ou pas, votre attribut féminin vous donne droit à un sobriquet quelle que soit la situation.

Les insultes contradictoires

SOUS LE COUP DE L'ÉNERVEMENT, VOTRE AGRESSEUR PEUT S'EMMÊLER LES PINCEAUX.

Il m'emmerde ce vegan, qu'il aille se faire cuir un œuf !

Il joue les gros bras ce trou du cul.

T'as vraiment une petite bite, espèce de gros con !

Elle veut pas coucher avec moi cette salope d'allumeuse !

Je suis sûr qu'il veut me piquer ma meuf, ce gros PD !

Je suis sûr qu'elle est vierge, cette pute.

Bon on s'arrête là, sinon cette page va devenir vulgaire.

Maud : Sans blague...

Belle...

Dans l'Antiquité

LA DEVISE DE L'ÉPOQUE ? *Mens sana in corpore sano*, qui signifie : Un esprit sain dans un corps sain. En Grèce comme en Rome antique, l'idéal féminin est un corps sculpté, athlétique. Le sport est presque un culte.

Maud : Le sport, c'est le truc qu'on fait pour être bien gaulée, c'est ça ?

POITRINE MENUE

Maud : Idéal pour courir le marathon !

ABDOMINAUX PARFAITEMENT DESSINÉS

Maud : Comme les miens quoi !

BRAS ET CUISSES ÉLANCÉS

Juliette : Si on en croit les statues ! Mais, si ça se trouve, elles avaient des bras bien flasques et des mollets potelés... Non ?

PÉPLOS OU CHITON :

Tissu drapé cousu ou agrafé et ceinturé à la taille.

POINT HISTORICO-SEXO

Autant la bisexualité des hommes grecs était très répandue, autant les femmes devaient entière fidélité à leur mari : leur rôle était de donner naissance à des enfants légitimes. Les hommes pratiquant le sexe oral sur les femmes étaient sujets à quolibets. Et les relations lesbiennes étaient perçues comme bizarres : les hommes se demandaient comment elles pouvaient prendre du plaisir sans phallus. Les petits naïfs...

PLACE DE LA FEMME

La femme reste toute sa vie sous l'autorité d'un homme (son père, son époux, voire son fils), son statut n'a de sens que par le mariage, elle ne possède ni droits juridiques, ni droits politiques, on continue ou on a compris le tableau ? Par contre, elle peut gérer les biens domestiques, veiller à l'état du garde-manger et filer la laine.

Maud : Ouf, je suis rassurée !

Juliette : Et encore, on n'a pas parlé des femmes esclaves !

PLACE DU POIL

Les femmes s'épilent y compris les poils pubiens. Selon Aristophane, l'idée est de gommer ce qui les rendraient semblables à l'homme.

Juliette : C'est vrai qu'à un pénis près on ressemble vachement à des hommes...

Plusieurs techniques existent : l'application de préparation à base de farine de fèves ou de résine de pin, le rasoir ou encore le brûlage de poils avec une lampe à huile !

Maud : C'est chaud !

SECRET DE BEAUTÉ

Le temps n'était pas au maquillage, mais quelques femmes utilisaient le plâtre et la craie pour avoir le teint blanc, la terre rouge pour les joues, les yeux étaient peints à la cendre ou au safran. Les sourcils étaient dessinés au fard noir.

Au coït parfait

Le nouveau restaurant de Juliette

Mise en bouche
Baiser brûlant sur son lit à baldaquine

Entrée
Chaud-froid de caresses des 7 zones érogènes

Plat
Civet de levrette accompagné de ses mots doux

Dessert
Ribambelle d'extase et son coulis

Digestif
Bain aux mille senteurs apaisantes

À l'étreinte royale

Le nouveau restaurant de Maud

Mise en bouche
Bradley Cooper

Entrée
Bradley Cooper

Plat
Bradley Cooper

Dessert
Tiramisu speculoos

Juliette : Ah oui, c'est restrictif chez toi...

Maud : Sinon je peux mettre des biscuits à la cuillère à la place des speculoos, je ne suis pas non plus obsessionnelle !

Juliette : Non, du tout !

VÉNUS
Avec le nouveau modèle
de lampe à huile
3 flammes
dites adieu à vos poils !
Et à votre peau…

CURRICULUM VITÆ

Nom : Jimmy L.
Adresse : 300 rue de la Touze, 1000 Bruxelles
Téléphone : 06 69 69 69 69
Email : jimmyboncoup@email.com
Nationalité : Belge
Date de naissance : 06/09/96
Sexe : Gros

EXPÉRIENCES PROFESSIONNELLES PRINCIPALES

• **Décembre 2016**
Poste : Attaquant dans un plan à 4
Position : Levrette
Secteur d'activité : Tout organe sexuel à moins d'un mètre

• **Avril 2014 - Novembre 2015**
Poste : Sexfriend
Position : Toutes
Secteur d'activité : Partout

• **Janvier 2013**
Poste : Découverte de mon Point P.
Position : Grenouille
Secteur d'activité : Mon cul

• **Septembre 2010**
Poste : Vierge en plein dépucelage
Position : Missionnaire
Secteur d'activité : Ma bite

• **Avril 2008**
Poste : Poignet gauche
Position : Assis devant YouPorn
Secteur d'activité : Mon gland

DIPLÔMES

- Licence en Langues appliquées
- H.E.C (Haute École de cul)
- Bac Sexe (option physique-alchimie)

LANGUES : Oui
LOISIRS : Tricot

Jimmy L.
300 rue de la Touze
1000 Bruxelles
Belgique

Parlons peu, parlons cul
À l'attention de Maud Bettina-Marie
2 rue de l'Amazone
75069 Paris
France

Objet : candidature au poste de PCR
Pièce jointe : CV

Madame,

Actuellement à la recherche d'un plan cul régulier, je me permets de vous adresser ma candidature spontanée suite à notre rencontre sur le plateau de votre émission.

En effet, mon profil semble convenir à la description recherchée sur l'offre d'emploi : je ressemble trait pour trait à Bradley C.

Fort de ma formation en *sexfriend*, j'ai su acquérir des compétences qui pourraient, je pense, vous convenir. Motivation, ponctualité, rigueur, endurance, respect et chibre conséquent sont les maîtres mots de mon comportement professionnel. Je suis également à l'écoute, réactif, j'aime prendre des initiatives, j'ai l'esprit d'équipe et suis ouvert à toutes propositions.

Mon expérience sexuelle m'a permis d'obtenir les compétences requises à la bonne exécution du poste à pourvoir. Je suis également capable de m'adapter à tout changement et de satisfaire, par exemple, une envie soudaine de type vaginal ou autre.

Restant à votre entière disposition pour toute information complémentaire ou cunnilingus, je vous prie d'agréer, Madame, l'expression de mon érection distinguée.

Jimmy L.

sexadvisor

Le petit pont de bois ◉◉○○○

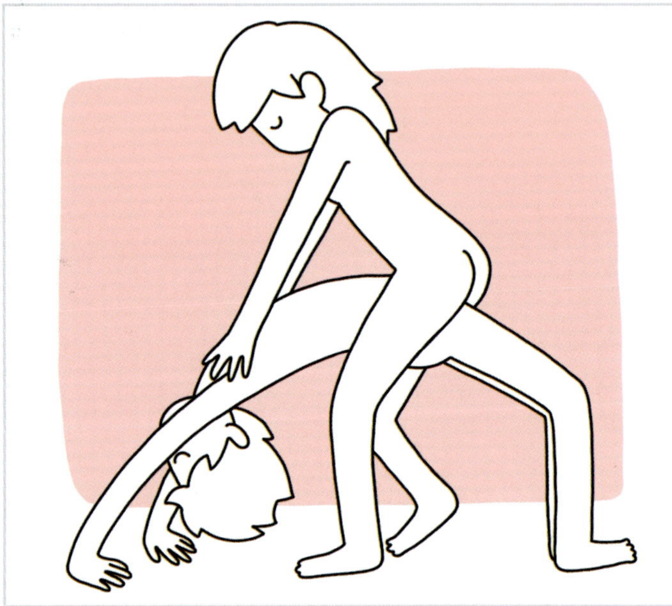

AnaisParis

Bonne surprise !

◉◉◉◉○

Je ne pensais pas me réjouir avec cette position, mais il faut avouer que mon conjoint a eu une excellente idée de me proposer « le petit pont de bois » lors de notre escapade en Normandie ! Grâce à cette position, nous pouvions tous deux profiter de la vue sur la mer ! Quelle chance !

Licorne. Magique

Que d'émotion...

◉◉◉◉◉

J'ai une affection particulière pour cette position qui me rappelle la chanson de Duteil. Aaah, toute mon enfance !

Mat.Richard

À fuir !

◉○○○○

Euh... Concrètement on fait comment?

BradP

Mauvais souvenir !

◉○○○○

Cette position m'a valu un fucking divorce !

JeanClaudeD.

Grosse arnaque !

◉○○○○

Je ne reviendrai plus jamais sur cette position ! Avec le missionnaire, je n'aurais pas eu à me payer l'ostéo !

sexadvisor

Le voyage en bateau

◉◉◉○○

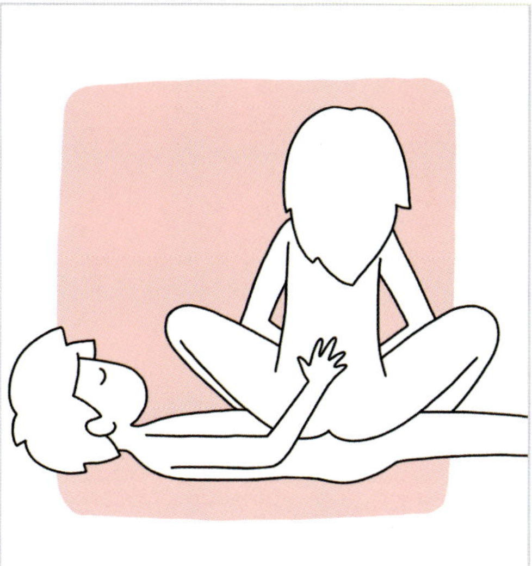

Lillilalla

Accommodante

◉◉◉○○

C'est une position que j'adore particulièrement après mon fameux saumon à l'ail !

MisterW

Inoubliable !

◉◉◉◉◉

Ce voyage en bateau m'a fait atteindre le 7e ciel, pourtant c'était mal barré, j'ai toujours eu le mal de mer !

Valérie. Champion

Sympa !

◉◉◉○○

Moi qui suis accro à ma game boy depuis 98, j'aime cette position qui me permet de terminer ma partie de Tetris tout en prenant du plaisir.

JeanClaudeD.

Petite arnaque

◉◉○○○

Qui dit bateau dit soldat, qui dit soldat dit missionnaire, on y est presque !

La grande brouette

◉◉◉◉○

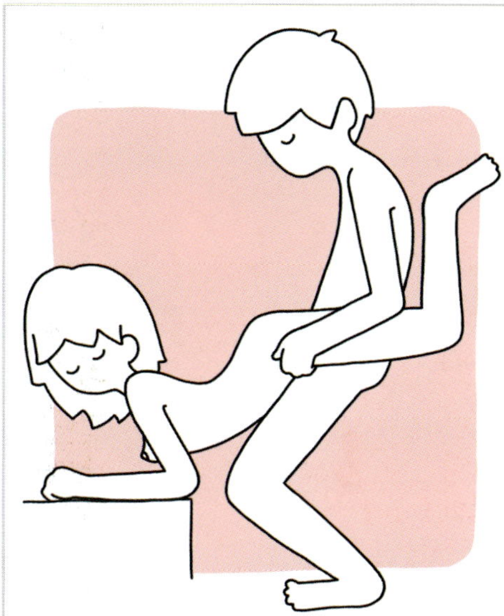

Bibibou

Mérite sa réputation

◉◉◉◉◉

Pour moi qui ai un matelas à mémoire de forme, c'était assez confortable. Il faut dire qu'avec mon mari, Regis92, nous sommes férus de fitness et une grande brouette équivaut à 2 planches obliques ! Attention à contracter les abdos-fessiers pour protéger vos lombaires !

G.Lux

Le charme d'autrefois !

◉◉◉◉◉

À chaque fois que je la pratique, ça me rappelle Interville ! Chalalalalala !

JeanClaudeD.

Grosse arnaque

◉○○○○

Comment peut-on conseiller cette position qui peut provoquer un lumbago à tout moment ??? Je lui préfère de loin le missionnaire !

Pression
magazine
SPÉCIAL HOMME
Sexo
En cas de panne, comment rejeter la faute sur votre partenaire ?
ENQUÊTE
Ils font jouir leur partenaire 10 fois par jour et sont les rois du monde
Nouvelle tendance
Agrandir son pénis par l'électro-musculation
RÉGIME : COMMENT LUI RESSEMBLER ?
Santé
Comment avoir une érection même bourré ?
COMMENT NE PAS PLEURER POUR RESTER UN HOMME ?
Test
Êtes-vous un cador du plumard ?
Socio
Ces hommes bien membrés qui sont mieux payés
AUTO : Les plus grosses voitures pour choper les plus belles filles

LE PRÉSERVATIF TENDANCE

Protégez-vous tout en étant original !

Peut également se recycler en préservatif Star Wars !

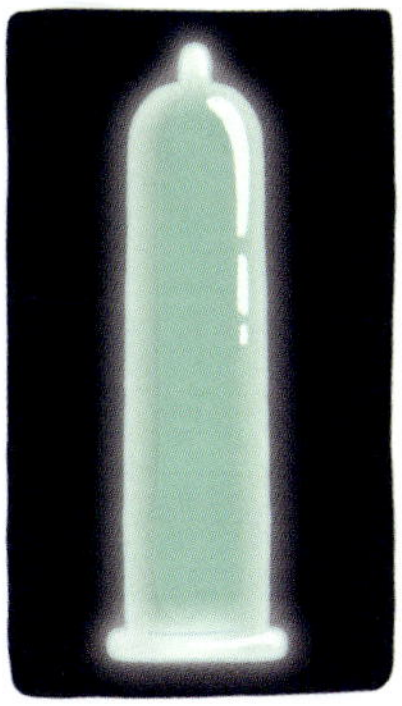

Le 90's

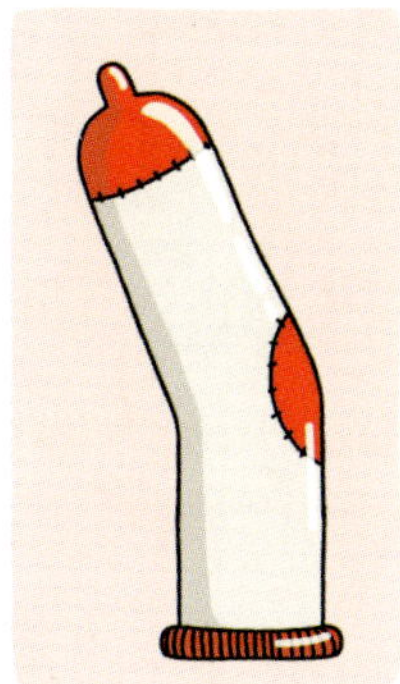

La chaussette

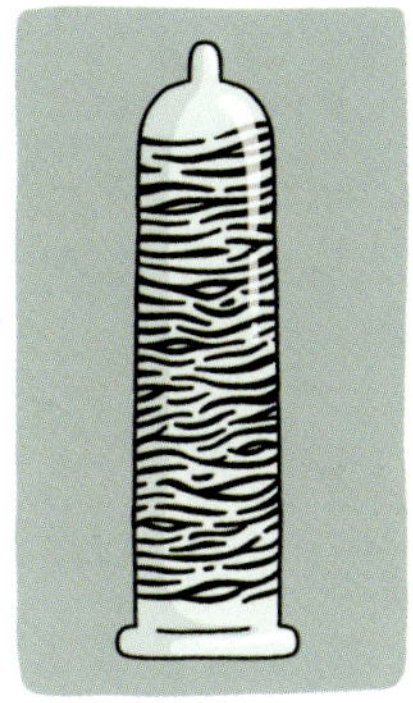

Le zébré

Le Sidaction

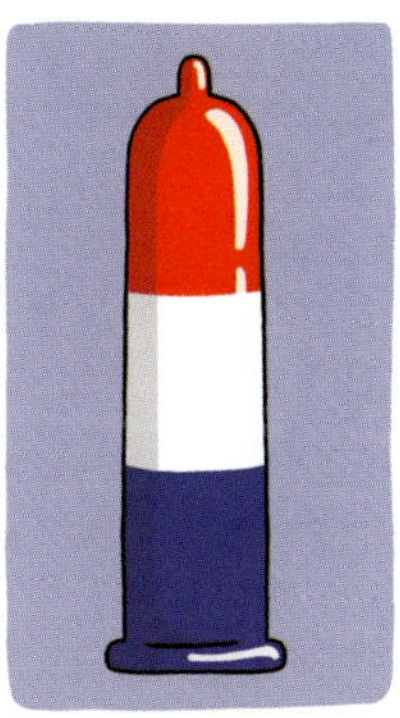

Le chauvin

Le Où est Charlie ?

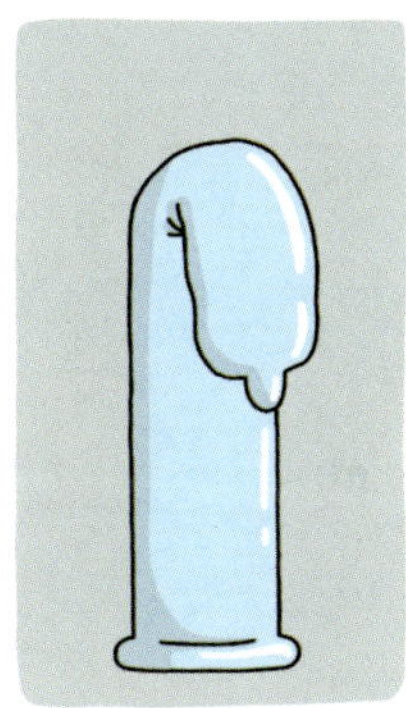

L'oversize

Le braqueur

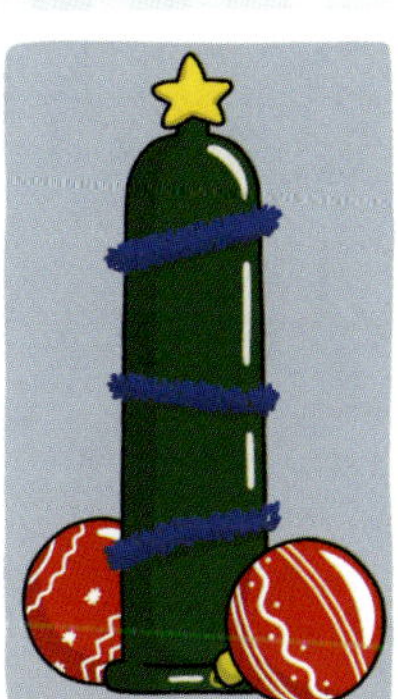

Le Merry Christmas

le Tchernobyt

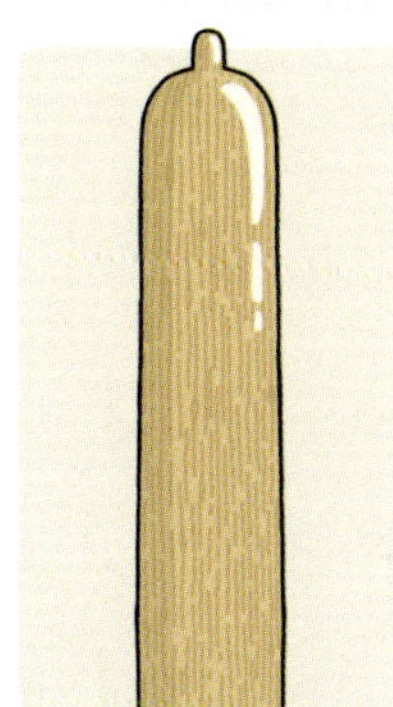

Le Pinocchio

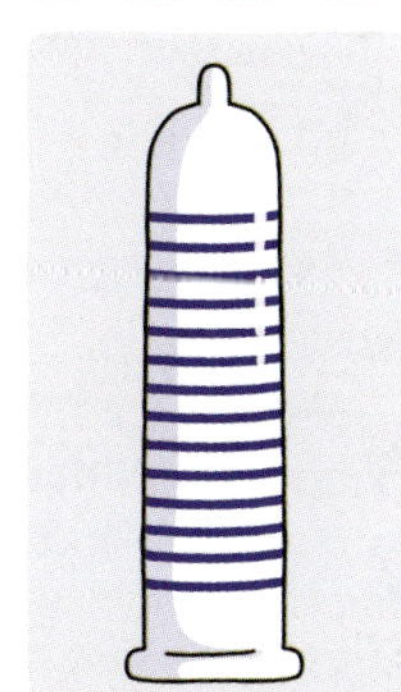

le Jean-Paul Gaultier

Florilège de phrases nazes à propos des IST

PARCE QUE CERTAINS ONT TENDANCE À POSITIVER. UN PEU TROP MÊME.

VÉRONIQUE F. :
« J'adore Halloween mais, tous les ans, on retrouve les mêmes costumes, quel manque d'imagination ! Par chance, cette année, mon herpès génital s'est généralisé ! Ma bouche difforme a fait sensation auprès des enfants ! J'ai ainsi économisé 20 euros de location de costume, et c'est moi qui faisais le plus peur !! Pari doublement réussi ! »

JEAN C. :
« Quand on m'a dit que mon lymphogranulome vénérien pouvait évoluer en trois stades, je me suis dit : « Chouette, moi qui n'arrive jamais à faire évoluer un Pokémon jusqu'au bout, je vais pouvoir m'exercer ! » J'ai passé le stade 1 du bouton transformé en plaie avec brio, le stade 2 des ganglions gonflés était moins facile, mais j'y suis arrivé ! Et là, j'attends le stade 3 avec impatience. À moi les cicatrices et le pus ! Pokémon IST, attrapez-les toutes ! »

ANNE R. :
« Tous les ans à Noël, on fait notre fameuse soupe aux mille champignons. Mais j'avoue que, l'année dernière, quand ma belle-sœur m'a dit : « Ajoute les chancrelles », j'ai pas compris ! C'est en me voyant mettre mes pustules dans la soupe qu'elle s'est rendu compte de sa gaffe : elle voulait dire des chanterelles ! Qu'est-ce qu'on a ri ! »

NOÉMIE J. :

« Pour pimenter notre vie de couple, on a longtemps cherché l'originalité. Alors un soir, j'ai arboré fièrement mes papillomavirus ! Les petites verrues sur ma choupette ont donné à mon mari l'impression de renouveau sans changer de partenaire, c'est bien pratique ! »

CLÉMENTINE ET DANIEL V. :

« À l'arrivée de la petite dernière, impossible de tomber d'accord sur un prénom ! Par chance ma tante Jacqueline a eu la syphilis… Ça a fait comme un déclic en nous ! Notre petite Syphilis a maintenant 3 ans et elle porte très bien son nom, parce qu'on doit bien l'avouer, c'est notre petite plaie à nous ! »

ROGER L. :

« Grand amateur de Scrabble, j'ai gagné de nombreuses parties grâce à mes IST : mycoplasme, mot compte double, trichomonase, mot compte triple ! Mais mon titre de champion de France, je le dois à ma « blennorragie gonococcique » ! Je remercie tous les jours mes écoulements génitaux ! »

CYRIL D. :

« Pour me faire réformer de l'armée, j'ai tout essayé : fausser les tests, bizuter mes camarades, faire pipi sur mon chef… Finalement, c'est mon hépatite B qui les a convaincus !!! Quelle aubaine ! »

Belle...

Au Moyen Âge

À cette période, il faut être blanche, blonde, pure, innocente. Et très jeune.

Maud : C'est un peu glauque, non ?

CHEVEUX BLONDS ET NATTÉS, COUVERTS PAR UN VOILE OU UNE COIFFE

LONGUE ROBE DRAPÉE, la cotte, souvent rouge ou bleue

Maud : Et le corail ? Le pêche ? Le saumon ? On oublie ?

PETITS SEINS DISCRETS ET ÉCARTÉS

HANCHES ÉTROITES VENTRE REBONDI

Juliette : Les filles, si vous voulez profiter de votre joli petit bidon, c'est now !

SURCOT (manteau).

POINT HISTORICO-SEXO

À l'époque, tout l'aspect sexuel est contrôlé par l'Église. Les positions un peu folles sont considérées comme dangereuses. Ce qui est important, c'est la reproduction. Mais attention, on ne fornique pas plus de deux fois par semaine, sinon ça abrège la vie et ça réduit la taille du cerveau !

Maud : Les mecs qui affirmaient ça devaient forniquer bien plus de deux fois par semaine !

La masturbation et l'homosexualité sont considérées comme des péchés. Par contre, la prostitution est démocratisée. Pour ce qui est de la jouissance, il y a deux écoles : l'Église qui pense que la recherche du plaisir est un péché, et les médecins qui pensent que l'orgasme est nécessaire à la reproduction. On déduit d'ailleurs de la forme du pénis que le plaisir de la femme se trouve au fond du vagin. Pour ce qui est du clitoris, on n'en parle même pas !

PLACE DE LA FEMME

À la fin du Moyen Âge, l'âge minimum pour se marier est 12 ans. Bon, en même temps, la durée de vie est courte. Mais c'est quand même tôt ! Il n'est pas question d'amour, le mariage sert à la bonne entente entre deux familles. La femme doit obéissance et soumission à son mari.

Juliette : Sympa comme vie !

Elle est principalement formée aux tâches ménagères mais, petite touche d'espoir, Christine de Pizan fut la première femme de lettres à pouvoir vivre de sa plume. Yeah !!

PLACE DU POIL

Les filles s'épilent les sourcils et le devant du crâne pour avoir un grand front, symbole de pureté et d'intelligence. Tout ça avec de la chaux et du sulfure d'arsenic ou des mélanges de cire d'abeille, de gomme et de sucre !

Maud : Perso, je suis plus cire qu'arsenic...

SECRET DE BEAUTÉ

L'heure est au juvénile.

Maud : Je confirme, c'est glauque.

On ne se maquille pas, sauf pour se blanchir la peau, symbole de noblesse. Pour répondre aux critères de beauté, on va jusqu'à se bander la poitrine et rembourrer les robes pour obtenir un petit ventre rebondi.

Juliette : Tendance inversée, aujourd'hui, on met des culottes gainantes !

Tu as envie de faire passer des messages pendant l'acte ? Voici la playlist idéale par les L.E.J. !

AVANT L'ACTE /PRÉLIMINAIRES

Tout doucement de Bibie
Pourvu qu'elles soient douces de Mylène Farmer
Besoin de rien, envie de toi de Peter et Sloane
Allumez le feu de Johnny Hallyday
Tu trouveras de Natasha St-Pierre

PENDANT L'ACTE

Ça s'en va et ça revient de Claude François
U Can't Touch This de Mc Hammer
Le Petit Bonhomme en mousse de Patrick Sébastien
Dur comme fer de Francis Cabrel
Je t'aime… moi non plus de Serge Gainsbourg
Toute première fois de Jeanne Mas
Un enfant de toi de Phil Barney
Pile ou face de Corynne Charby
Fruit de la passion de Francky Vincent

APRÈS L'ACTE

Tu m'oublieras de Larusso
Ne me quitte pas de Jacques Brel
Je suis venu te dire… que je m'en vais de Serge Gainsbourg
Bouge de là de MC Solaar
Je dois m'en aller de Niagara
Ne m'appelez plus jamais « France » de Michel Sardou

Parce qu'il l'a appelée France alors qu'elle s'appelle Nadine.

#mercijacquelineporteouverte

Pression
magazine
Insolite
« Ma femme gagne plus que moi et je le vis bien ! »
MARIAGE
Les 10 mairies de France avec le moins d'attente !
60 ans de mariage et toujours ensemble : vos parents, ces héros !
SPÉCIAL COUPLE : À QUAND LE PREMIER ENFANT ?
Sexe
Entretenez le désir après 10 ans de mariage !
PSYCHO
Comment être malheureux tout en restant en couple ?
TENDANCE : Soyez le couple de référence de vos amis !
RENCONTRE
Natalie Portman et Benjamin Millepied nous parlent en toute humilité de leur couple parfait à qui tout le monde devrait ressembler !
Bien-être
10 astuces pour faire croire que tout va bien quand tout va mal

LE COUP DE PROJECTEUR DE PATRICK B.

La sexualité encore trop ignorée du saumon

Ceci n'est pas une page sponsorisée par la SPA ou 30 millions d'amis.

Après une naissance dans des eaux douces et chaudes, le saumon part se cailler les écailles dans l'océan, où il doublera son poids en mangeant plancton, petits poissons et autre sacs plastique abandonnés.

À son retour dans sa rivière d'origine pour copuler, le saumon doit d'abord reconnaître un saumon garçon d'un saumon fille (une saumone donc). Pour ce faire, ils se regardent dans le blanc de leurs yeux de merlans frits pendant des heures, en espérant que l'un d'entre eux réagira. Mais comme tout poisson qui se respecte, le saumon est parmi les moins expressifs du monde. Jugez-en vous-mêmes :

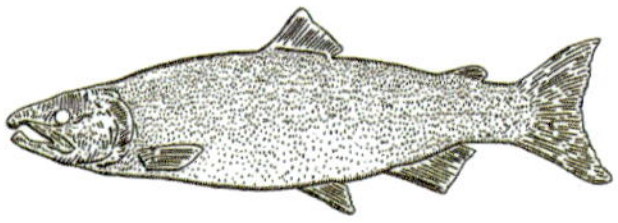

Saumon excité

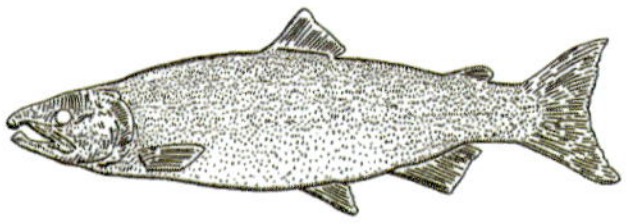

Saumon pas excité

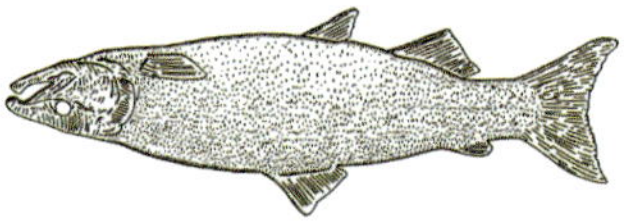

Saumon mort

Une fois la femelle trouvée, le saumon mâle copule. Et meurt. La femelle ne tarde pas à mourir également. C'est gai. Et c'est pas fini : à la naissance, les petits mangeront les cadavres de leurs parents.

Maud : C'est triste mais c'est bien foutu !

Juliette : Un peu comme Roméo & Juliette.

Chat-Bite control club :

« pour un chat-bite responsable »

LE CHAT-BITE...

Ce jeu issu de nos cours de récréation...
Ce jeu qui consiste à toucher
les parties intimes de l'adversaire...
Ce jeu qui va parfois beaucoup trop loin...

Tous les jours, des milliers d'hommes et de femmes sont victimes du chat-bite ou du chat-minou. Ensemble, battons-nous pour mettre en application des règles du jeu civilisées et éviter tout débordement.

Nicolas B. a créé le **Chat-Bite control club** en 2006, après une partie un peu trop brutale qui lui a valu un hématome de plusieurs centimètres.

LE MOT DU PRÉSIDENT :

« Moi, j'aime ma bite. Mais j'aime moins qu'on touche mes parties intimes de manière trop barbare. Parce que ma bite, c'est pas du béton. En voyant mon hématome devenir plus large que mon engin, je me suis dit "il faut agir". C'est pourquoi j'ai créé le **Chat-Bite control club**, une association qui définit clairement les règles de ce jeu qui peut vite tourner au cauchemar. Je me suis donné pour mission de protéger tout ces hommes qui aiment leurs bites. Après avoir accueilli près d'une dizaine d'hommes, j'ai décidé d'ouvrir une annexe pour toutes celles qui sont les victimes collatérales d'une partie de chat-bite. Pour les femmes qui aiment leur minou : le *Chat-Minou-tout-doux club* ouvrira ses portes à partir du 18 juin. »

LES RÈGLES DU PRÉSIDENT :

• Il est interdit de jouer avec des participant(e)s non consentant(e)s

• Il est interdit d'être violent

• Il est interdit de jouer en dehors des horaires aménagés : 10h-19h
(pause-déj' entre midi et 14h à la cantine du club)

• Il est interdit de jouer pendant la pause déjeuner

• Il est interdit de jouer avec des personnes de la même famille

• Il est interdit de jouer avec des animaux

• Il est interdit de porter montre, bijoux ou autres crochets

<u>IL EST INTERDIT DE JOUER :</u>
- Dans une école maternelle
- Dans une église
- Dans une maison de retraite
- À l'Assemblée Nationale
- Dans un cimetière
- Dans un espace restreint (exemple : un ascenseur)

POUR VOTRE SÉCURITÉ, FAITES UNE PAUSE TOUTES LES 2 HEURES ET HYDRATEZ-VOUS

En cas de coup de foudre en plein chat-bite, vous êtes autorisés à quitter le jeu pour vous envoler vers d'autres horizons.

Pour plus de renseignements sur la carte du club, contactez-nous au 0820 69 69 69

Le « Chat-Bite control club » est une association loi 1901 à but non lucratif.

OÙ EST
CLITO ?

Belle...
À la Renaissance

ÇA Y EST, PLACE AUX PULPEUSES ! Enfin, pas trop non plus, on veut des formes synonymes de bonne santé et de richesse, mais on veut quand même une taille fine... Aucun problème, avec l'arrivée du fucking corset !

POINT HISTORICO-SEXO

Durant la Renaissance, le plaisir est toujours condamné, seule la procréation compte. L'homosexualité est toujours passible de mort et les positions doivent représenter la soumission de la femme à l'homme. Ça, c'est officiellement bien sûr. Parce que officieusement, on s'éclate ! À la cour, on enchaîne les parties érotiques, on s'affiche avec son amant, on pratique des orgies… Et dans les classes populaires commencent à naître de nouvelles libertés : on se marie plus tard, on laisse une place à l'amour et au consentement !

PLACE DE LA FEMME

L'argent manquant, beaucoup de femmes travaillent (domesticité, commerce, secteur agricole) mais, à l'opposé du mari, le métier de l'épouse n'apparaît jamais dans les contrats de mariage. La Renaissance, c'est la grande période de persécution des « sorcières » qui fait des milliers de victimes. Contrairement au Moyen Âge, les femmes n'ont plus accès à la médecine.

Maud : Cette manie de faire deux pas en avant, trois pas en arrière !

Par contre, les femmes de la Renaissance ont accès à l'alphabétisation.

Juliette : On est sauvées !

Et Marie de Gournay ose exprimer sa colère dans *L'Égalité des hommes et des femmes*. Tout un programme !

PLACE DU POIL

Retour sur une zone oubliée depuis des siècles : le maillot ! Là où certaines s'épilent, d'autres préfèrent décorer leur toison avec des rubans et des perles. Pourquoi pas !

Juliette : C'est Noël dans ton slip !

SECRET DE BEAUTÉ

À l'époque, les modèles sont les courtisanes vénitiennes et leur fameux blond vénitien. Pour se colorer les cheveux, les femmes utilisent du safran, du citron et même de l'urine. Le maquillage est de mise. On découvre les cosmétiques d'Orient : fard pour les yeux, vermillon pour la bouche et les ongles, etc. Bon, par contre, on ne se lave pas… mais on met du parfum ! Ni vu ni connu ! C'est également l'âge d'or de la célèbre « mouche ». Concernant le corset, on en trouve sous toutes ses formes : tissu, bois, fer… jusqu'à l'apparition des baleines. Tout est bon pour étrangler la taille !

Juliette : Rien qu'à imaginer, je me sens pas bien !

Notons que, dans quelque temps, le siècle des lumières apportera un vent nouveau : retour au naturel ! Le corset disparaît (pour mieux revenir ensuite…), le maquillage est discret, les tenues et les coiffures plus simples.

Maud : Vu les perruques de Marie-Antoinette, il va falloir se mettre d'accord sur le mot « simple » !

Comment sortir de la *friend zone* ?

AAAAH, LA FRIEND ZONE… CET ENDROIT COMPLIQUÉ DANS LEQUEL IL EST SI FACILE D'ENTRER ET SI DIFFICILE DE SORTIR !

Maud : Un peu comme dans les pyramides de Astérix et Obélix Mission Cléopâtre !

Juliette : Merci Maud, cette intervention ne sert à rien…

Eh oui, il arrive que certains éprouvent des sentiments amoureux non réciproques pour une personne qui « les adore tellement que même si c'était la fin du monde, qu'on n'avait plus de vêtements et qu'on devait dormir ensemble pour se réchauffer, il se passerait rien tellement c'est comme si on était de la même famille ! Qu'elle est chouette cette relation de pure amitié, blablabla… » Alors, comment faire ?

Conseil de Maud :

Le plus simple, c'est de communiquer clairement. Par exemple, dites-lui : « Michel (uniquement si votre interlocuteur s'appelle Michel) on se connaît depuis qu'on est petits, comment se fait-il qu'on n'ait jamais couché ensemble ? » S'il répond : « Parce qu'on est cousins », il y a de fortes chances que vous restiez dans la friend zone.

Juliette : Sauf si on s'appelle Christine B. et qu'on travaille dans la politique !

Conseil de Juliette :

N'y entrez pas !

Maud : Là, c'est ton conseil qui sert à rien.

Le conseil de Jérôme du Cap-d'Agde

Moi j'ai une technique infaillible : installez votre « ami(e) », que nous nommerons Dominique, puisqu'il s'agit d'un prénom mixte, sur un canapé.

Maud : Oh non, pas Dominique, c'est le nom de mon père !

Offrez-lui une tasse de thé ainsi qu'un petit palet breton, parce que Dominique raffole des petits palets bretons.

Juliette : Sauf s'il s'agit du père de Maud.

Pendant que Dominique se délecte de ces galettes pure beurre dont seuls les Bretons ont le secret, glissez-lui un « ne bouge pas, j'ai une surprise pour toi, je reviens tout de suite ! » Revenez 5 minutes plus tard, complètement nu(e).

Juliette : Perso, j'appelle ça une agression sexuelle.

Maud : Perso, j'appelle la police.

Quatre cas de figures s'offrent à vous :

Cas n° 1 : Dominique vous saute dessus.
Bravo ! Vous êtes sorti(e) de la friend zone !

Cas n° 2 : Dominique vous met à la porte.
Bravo ! Vous êtes sorti(e) de son appartement, et surtout de la friend zone !

Cas n° 3 : Dominique appelle la police.

Maud : J'approuve Dominique !

Bravo ! Vous êtes sorti(e) de la friend zone, allez à la case prison sans passer par la case départ, ne touchez pas 20 000€.

Cas n°4 : Dominique en profite pour faire un Snap, ce qui lui permet d'augmenter de 23 % son nombre d'abonnés.
Bravo ! Vous êtes sorti(e) de la friend zone ! Par contre, votre réputation est détruite, votre employeur vous licencie, votre propriétaire vous expulse, vos parents vous déshéritent, votre chien honteux s'enfuit et vous êtes tenu(e) officiellement responsable du réchauffement climatique.

Juliette : Est-ce que cette méthode marche pour les naturistes ?

TOP 10 DES DIFFÉRENTES UTILISATIONS DU PRÉSERVATIF FÉMININ :

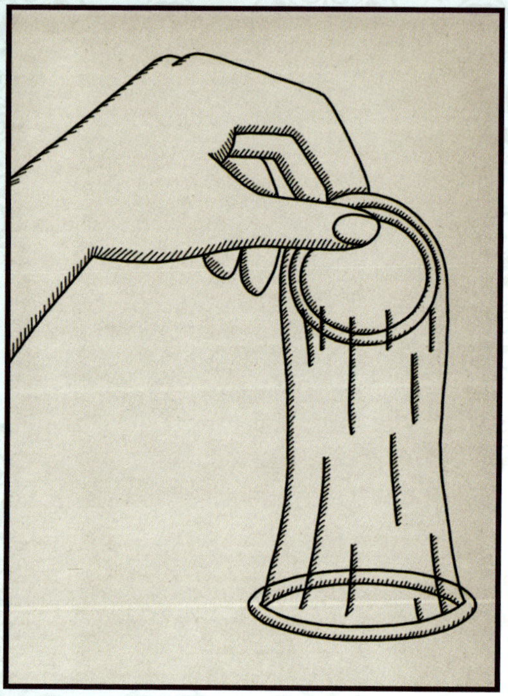

1. Sac de courses en plastique recyclable, toujours chic pour vos sorties au supermarché.

2. Épuisette pour les après-midi pêche aux moules ou aux bigorneaux sur vos plages normandes préférées.

3. Passoire à thé ou filtre à café, très pratique les dimanches après-midi à la campagne, quand tous les magasins sont fermés.

4. Bonnet de bain, homologué dans toutes les piscines municipales.

5. Masque hydratant pour les cheveux : son petit côté lubrifié nourrira vos cheveux en profondeur. N'hésitez pas à le choisir « ECOcert » pour une huile plus naturelle.

6. Petit sac-poubelle portatif afin de ne rien jeter dans les toilettes qui pourrait encombrer votre fosse septique.

7. Étui à lunettes : protection waterproof garantie !

8. Bombe à eau pour amuser les plus petits.

9. Petit vase d'appoint pour déposer le joli bouquet de violettes que votre neveu vient de cueillir dans le jardin ouvrier le plus proche de chez vous.

10. Également très pratique pour transporter Bubulle, le nouveau poisson rouge que vous désirez offrir pour la fête des Mères.

À VOUS D'ÊTRE CRÉATIVES ET DE COMPLÉTER CETTE LISTE !

sexadvisor

La paire de tongs

◉◉◉○○

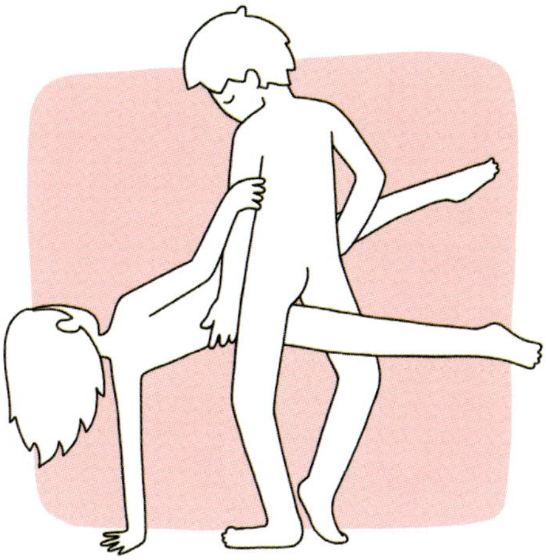

On est de grands habitués !

Linda.S

◉◉◉◉◉

Comme nous le pratiquons régulièrement dans notre numéro de porté acrobatique (spectacle tous les dimanches à 16h dans la salle polyvalente de Jouy-en-Josas), cette position est notre préférée !

Pire expérience de ma vie !

Lalilou

◉○○○○

Quand on m'a parlé de cette position, j'ai pensé soleil, détente, plage... Que dalle ! J'ai eu courbature, tendinite et perte de dignité ! Non mais qui pratique ça ???

Grosse arnaque

JeanClaudeD.

◉○○○○

Bon, là on est très loin du missionnaire...

Saute-mouton

◉○○○○

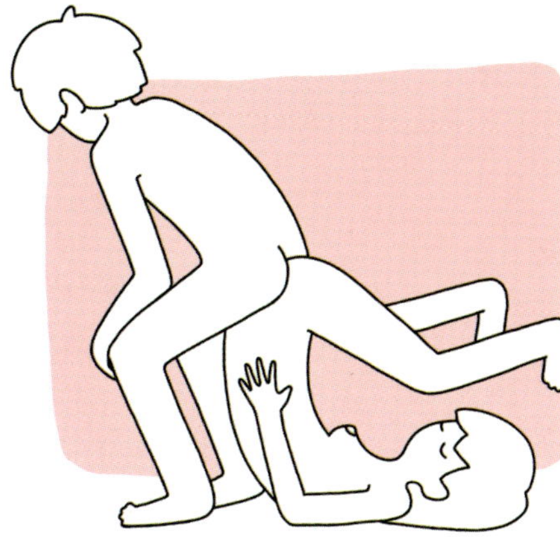

À fuir !

Mat.Richard

◉○○○○

Euh... Concrètement on fait comment?

Une horreur !

Mia

◉○○○○

À moins de vouloir vous fracturer le pénis, oubliez cette position !

Passez votre chemin !

Wallace

◉○○○○

En tant qu'être humain, je trouve que c'est la pire position du monde.

Jamais testé

Tintin78

◉○○○○

Je préfère la version pas sexuelle...

Grosse arnaque

JeanClaudeD.

◉○○○○

Optez plutôt pour une pratique moins galvaudée : le missionnaire.

Ode à toi, porno féminin

Toi qui pendant longtemps n'étais qu'au masculin,
Tu as su écouter nos envies, nos besoins.

Tu prônes la parité même dans la nudité,
T'as compris que kiffer signifie réciprocité.

Fini la sodomie avec obligation,
T'as le droit de dire non, surtout sans protection.

On n'est plus des objets au service du plaisir,
Mais des sujets conscients, libres ou non de jouir.

Tu t'appelles Ovidie, Lucie ou Erika,
Et tu fais du plaisir des femmes un beau combat.

Tes actrices sont humaines, pas toujours en talons,
Elles sont comme toutes les femmes avec leurs imperfections.

Jusqu'ici pauvre était le scénario,
À croire que les auteurs vivaient dans un porno.

Les femmes ouvraient la porte au plombier, au livreur ;
Désormais la vraie vie est enfin à l'honneur.

Alors merci à toi de respecter nos corps,
Et pour brosser vos dents, évitez le fluor.

Maud : C'est pas possible !

Juliette : Si si, renseigne-toi, le fluor c'est pas bon !

Maud : Non, je veux dire, c'est pas possible de finir comme ça !

MENSTRUATIONS PRODUCTION PRÉSENTE
Inoubliable, même en milieu aquatique
Le Point G
Un film assurément écolo
et économique !
Télénana
Un film de 12h où on ne voit pas
le temps passer !
France Vagin
Un film qui fait du bien à votre corps.
Mycoses Magazine
OSCAR
DU MEILLEUR
RÉCEPTACLE
2013
Un film qui sent bon.
Le journal du Cycle
LA CUP
CONTRE-
ATTAQUE
LE NOUVEAU FILM
DE LEONA CHALMERS

Belle...

Au XIXe siècle

ON ENTRE DANS UNE PÉRIODE OÙ DEUX IDÉAUX SE PARTAGENT LA VEDETTE : d'un côté, la bourgeoise opulente et bien sous tous rapports et de l'autre, la belle malade à la beauté fragile, symbolisant la femme mystérieuse et rêveuse. Le XIXe siècle a également vu sa mode évoluer : entre le Premier et le Second Empire, on passe de la robe « à la grecque » à la robe romantique !

Maud : Ou cucul la praline...

POINT HISTORICO-SEXO

On demande aux jeunes femmes une pureté parfaite là où les hommes connaissent les plaisirs charnels avec des prostituées. Pour laisser les femmes dans l'ignorance, les éducateurs cachent certaines réalités de la sexualité, le plaisir solitaire féminin est un vice. L'orgasme doit rester une exception mais, vers la fin du XIXe siècle arrive quelque chose qu'on réprimait jusqu'alors : le plaisir…

Juliette : Ah ben c'est pas trop tôt !

Les médecins inventent les premiers vibromasseurs qui servent alors à soigner l'hystérie. En effet, il semble que le résultat obtenu soit libérateur. Il s'agit tout simplement d'un orgasme clitoridien, qui n'était pas reconnu à l'époque !

PLACE DE LA FEMME

Place de la femme : la révolution n'a pas changé grand-chose au statut de la femme malgré des combats comme celui d'Olympe de Gouges, auteur de *La Déclaration des droits de la femme*, totalement ignorée. La femme mariée devient « incapable » juridiquement. Telle une mineure, elle vit sous l'autorité de son mari ou de son père. Mais, à cette époque, nombreuses sont les féministes qui se battent pour l'égalité des sexes…

PLACE DU POIL

On continue de s'épiler le maillot, certaines femmes arrachent leurs poils même à mains nues ! Plus généralement, on utilise de la chaux vive, de la cire, des onguents à base d'orpin et de cumin ou même de la céruse. À base de plomb.

Maud : Encore ?! Mais laissez tomber le plomb une fois pour toutes !

SECRET DE BEAUTÉ

Après avoir été quelque temps abandonné, le corset fait son grand retour ! Et avec lui, les côtes brisées et les évanouissements, youpi… Par contre, on oublie le maquillage. La beauté de la femme doit être naturelle et fragile. Néanmoins, les femmes boivent du charbon et du vinaigre pour se brouiller le teint et accentuent leurs cernes avec de l'encre. Parallèlement, on découvre les bienfaits de l'eau et l'importance des bains !

Juliette : Ah ben c'est pas trop tôt !

Le courrier des lecteurs de Freud

Je suis tombé amoureux de mon plan cul, est-ce normal ?

Freud : C'est sûrement parce que vous êtes amoureux de votre mère.

Je n'ai plus de désir depuis dix ans, que faire ?

Freud : En avez-vous pour votre mère ?

Marié depuis cinq ans, je rêve souvent de ma voisine, que dois-je en déduire ?

Freud : Est-ce que votre mère est votre voisine ?

Je suis systématiquement attirée par des gens plus âgés, qu'est-ce que cela signifie ?

Freud: Ça dépend, quel âge a votre mère ?

Malgré mon excitation, je reste parfois très sèche, est-ce grave?

Freud : Votre mère s'hydrate-t-elle correctement ?

Chaque fois que j'ai envie d'une fille j'ai des problèmes d'érection, c'est bizarre non ?

Freud : C'est peut-être héréditaire, votre mère a-t-elle des problèmes d'érection ?

Pendant l'amour, j'ai appelé mon mari Bernard alors qu'il s'appelle Alain, est-ce grave ?

Freud : Votre mère s'appelle-t-elle Bernard ?

Je n'ai plus de crème fraîche pour finir mon gâteau, puis-je la remplacer par un yaourt ?

Freud : Est-ce que votre mère met du yaourt ?

J'aime beaucoup votre maman, Sigmund. Puis-je la contacter ?

Freud : Jamais, va niquer ta mère !

Sigmund, ton bain est prêt !

Freud : J'arrive, maman !

Pression
magazine
SPÉCIAL CÉLIBATAIRES
FAMILLE
Votre mère vous saoule pour vous caser ? Elle a sûrement raison !
LES 12 342 LIEUX PROPICES À UNE RENCONTRE
ET TOI, LES AMOURS ?
Ne mentez plus, assumez votre lose !
PSYCHO
Cessez d'être lâche et osez l'engagement !
Mode
Être attirante sans passer pour un plan cul !
Cuisine
Ne faites pas la fine bouche !
Speed speed dating
Comment être efficace en 3 secondes ?
Bientôt 30 ans et toujours seule ? VITE, L'HORLOGE TOURNE !
Insolite
Rencontre avec Virginie S., célibataire et heureuse !
Trentenaires
À quand le premier enfant ?

Kamasutra du célibataire

Ce n'est pas parce que vous êtes seul(e) que vous ne pouvez pas changer de position…

LE LOUP
L'ABEILLE
LE 69
LE TRANSAT
LES RAMEURS
LES CISEAUX

Blagues sexistes

AH LES BONNES VIEILLES BLAGUES SEXISTES SUIVIES DES ÉTERNELS *« ÇA VA, ON RIGOLE ! »* ALLONS FAIRE UN TOUR DU CÔTÉ DES FORUMS POUR DÉGOTER LES PÉPITES

POURQUOI LES FEMMES PÈTENT APRÈS L'AMOUR ?
Pour remettre les poils dans le bon sens.

Maud : Perso j'ai ri.

Juliette : Perso je suis épilée.

POURQUOI LES FEMMES ONT-ELLES L'ANUS PRÈS DU VAGIN ?
Pour les porter comme un pack de bières.

Maud : OK, je mets au défi quiconque de réussir à transporter une fille comme ça.

Juliette : Envoyez-nous vos plus belles photos #bowling

COMMENT APPELE T'ON UNE FEMME QUI A PERDU 95 °/° DE SES FACULTEES INTELECTUELLES ?
Une veuve.

Juliette : La phrase apparaît telle quelle sur le blog.

Maud : Mec, si tu veux être crédible, essaye au moins d'écrire ta phrase avec moins de fautes d'orthographe, merci bien.

POURQUOI LES HOMMES PRÉFÈRENT LES FELLATIONS ?
Parce que ça fait 15 minutes de silence..........

Maud : C'est marrant de mettre autant de points de suspension après une blague.

Juliette : J'ai l'impression que c'est un acteur de la Comédie-Française qui l'a écrite.

QUEL EST LE CONTRAIRE DE « ASSIS DEVANT LA TÉLÉ » ?

Debout dans la cuisine.

Maud : Cette blague ne s'applique pas à Juliette.

Juliette : Ben pourquoi ?

Maud : C'est quoi le dernier plat que t'as cuisiné ?

Juliette : Une banane.

Maud : Voilà pourquoi.

QUELLE EST LA DIFFÉRENCE ENTRE UNE FEMME ET UN FRIGO ?

Le frigo ne pète pas quand tu sors ta viande !!

Maud : On l'a ! On a trouvé la blague la plus fine du monde !!

Juliette : À dire avec une voix bien grasse, sinon c'est pas marrant.

QUE DIT UNE BLONDE QUAND ELLE VOIT UNE PEAU DE BANANE PAR TERRE ?

« Oh non, je vais encore tomber ! »

Maud : Moi je me dis plutôt : « Tiens, Juliette vient de cuisiner. »

Juliette : Oui bon ça va !

CONNAIS-TU LA DIFFÉRENCE ENTRE LES 5 SPICE GIRLS ?

... Eh bien, sens !!

(écarter les 5 doigts en les donnant à sentir à votre interlocuteur)

Maud : Parmi toutes les blagues sexistes, lui, il choisit la seule blague qu'il faut mimer.

LA DIFFÉRENCE ENTRE UN CHEVAL ET UNE MAJORETTE ?

La majorette a un chromosome en plus pour ne pas chier en défilant.

Maud : Et encore, on n'est pas à l'abri d'un pet foireux en plein lancer de bâton !

Juliette : Je crois qu'on a perdu Maud...

Une petite coupe au poil ?

Vous assumez vos poils et vous voulez avoir la classe ?
Voici une petite sélection de coupes de maillot !

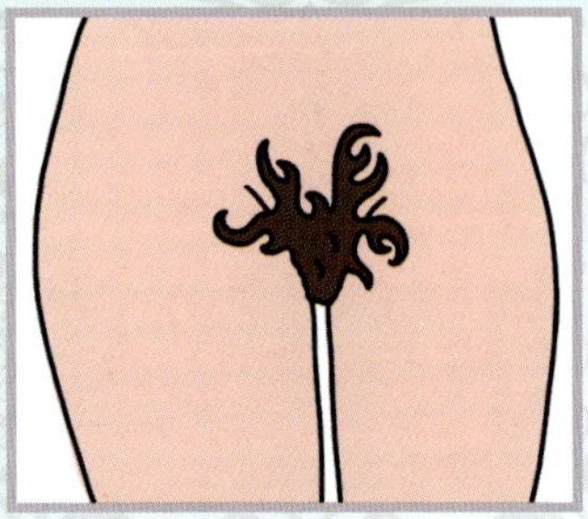

LA TRIBALE

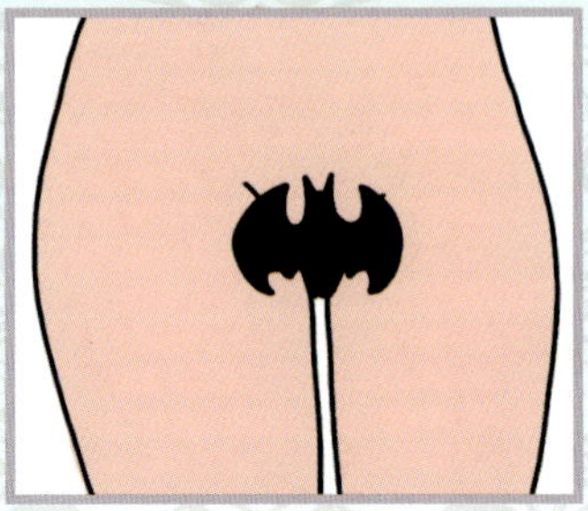

LA BATMAN

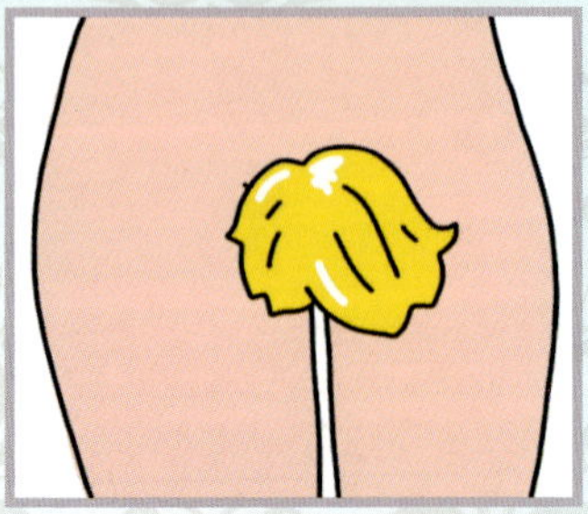

LA DONALD TRUMP

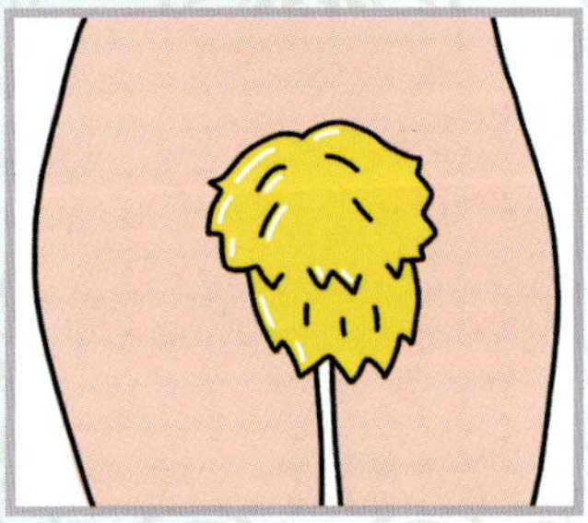

LA BONNIE TYLER

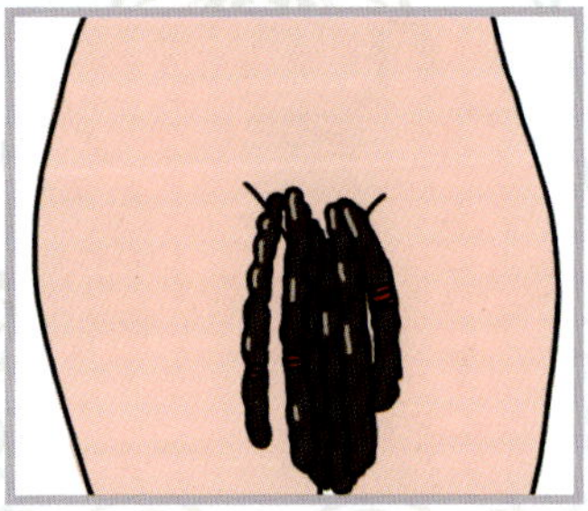

LA BOB MARLEY

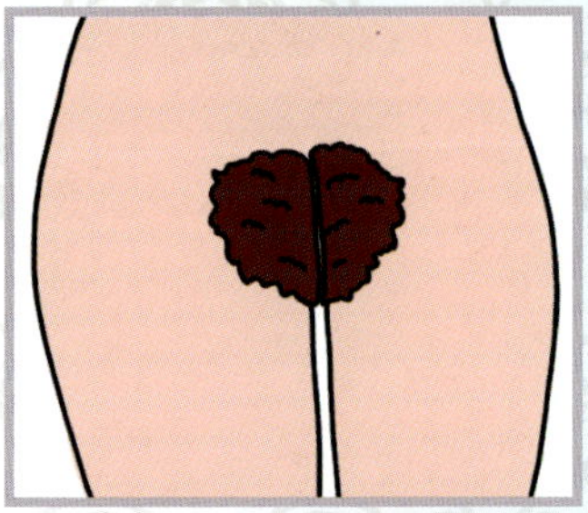

LA RAIE AU MILIEU

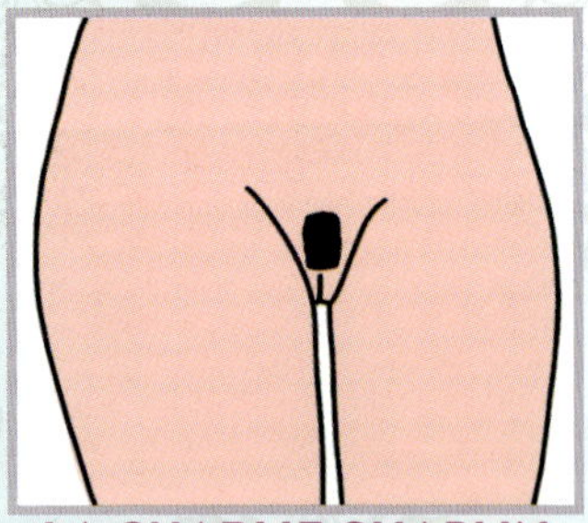

LA CHARLIE CHAPLIN

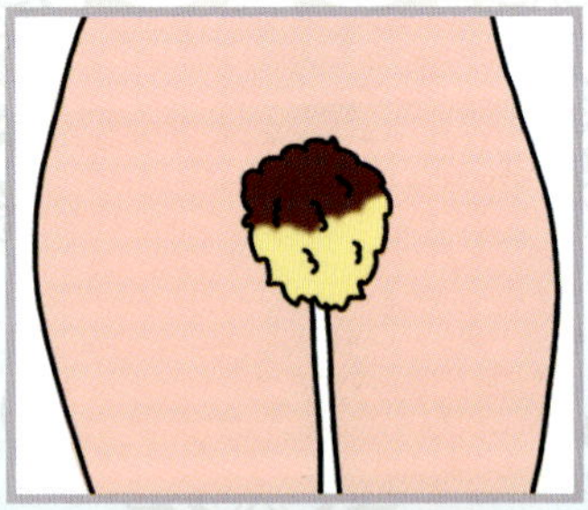

LA TIE AND DYE

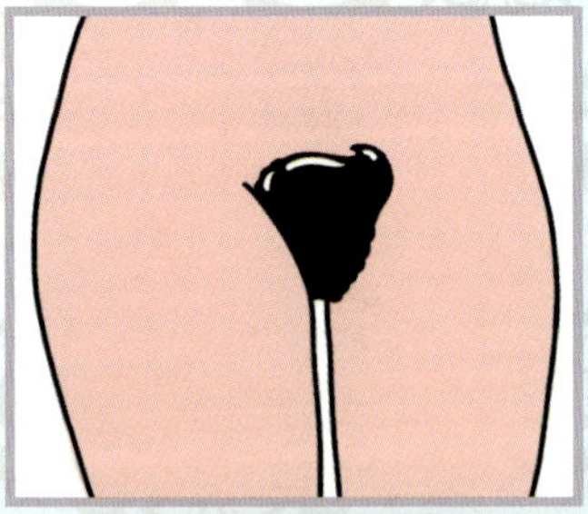

L'ELVIS PRESLEY

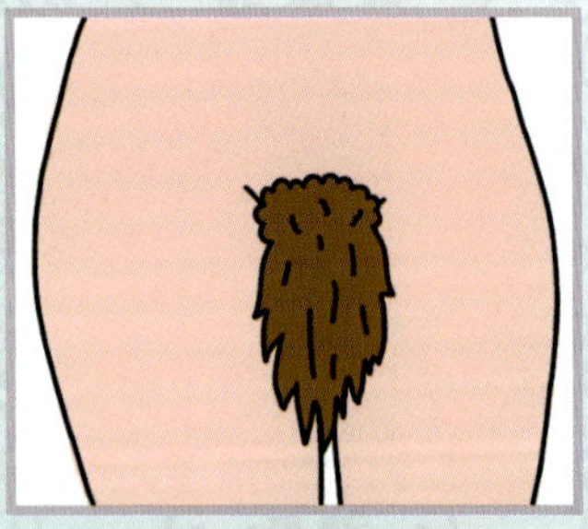

LES EXTENSIONS

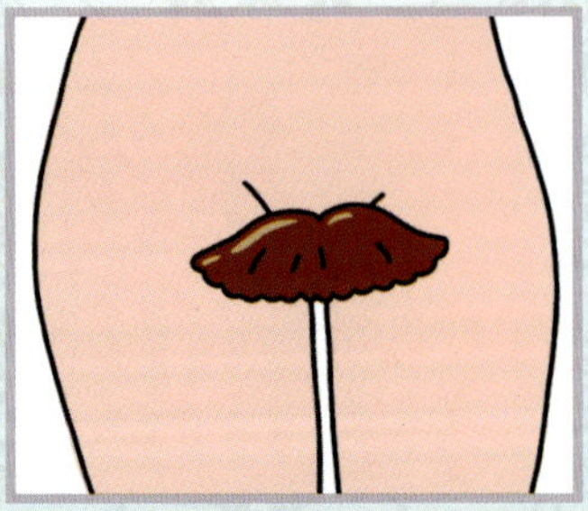

LA MAGNUM

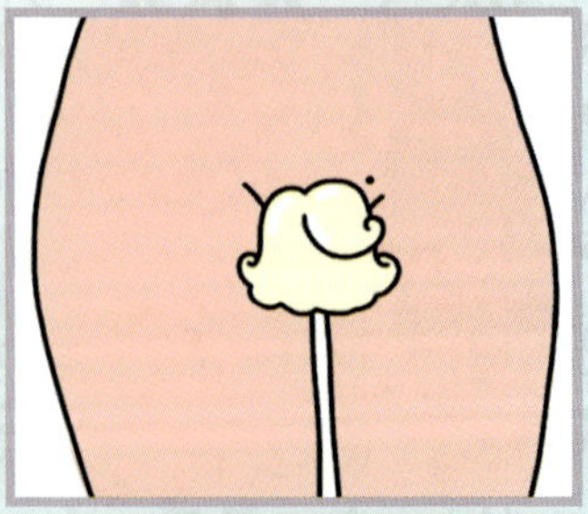

LA MARILYN

ZOMBIFLE

Date de sortie : 14 février 2017

De : George X Romero

Avec : Ken Fourey, Dick Big,

David Saussage, Pamela Pussy…

Genre : Non binaire

Presse

Spectateurs

SYNOPSIS

Des morts vivants ont envahi la Terre. Cette fois, ils ne sont plus assoiffés de sang, mais sèment la terreur à coups de gourdin sur les joues des jeunes filles…

CRITIQUE DE SPECTATEURS

Moi, je trouve le film violent et misogyne. Quel plaisir y a-t-il à voir des gens se faire frapper par des zombites ?

Le film peut parfois paraître brutal, mais je pense qu'il faut le prendre au second degré.

Pourquoi pas ! Mais allez voir ce film avec quelqu'un de consentant !

Je me suis sentie offensée par ce film donc je ne l'estime pas drôle.

Malgré l'esthétique très travaillée, le film peine à décoller. Les dialogues sont creux, et les acteurs manquent d'épaisseur. Bref, Bref je trouve que la bifle n'est pas la claque qu'on attendait.
Signé : le Fossoyeur de films.

Moi, aime bien, moi.

Belle...

À la Belle Époque

ÇA Y EST, UN NOUVEAU SIÈCLE ARRIVE ! Et avec lui, un style qui ne cessera d'évoluer ! Mais pour l'instant, on est encore engoncées dans nos corsets modifiés par Inès Gaches-Sarraute pour donner la fameuse silhouette en S.

POINT HISTORICO-SEXO

Désormais, pour rencontrer l'amour, il faut savoir danser ! L'apparition des soirées dansantes permet aux jeunes femmes et jeunes hommes de se rencontrer ailleurs que dans les réceptions habituelles. Les mariages ne sont plus automatiquement arrangés. Par contre, niveau sexualité, rien n'a vraiment évolué. Certains mouvements anarchistes tentent de prôner l'amour libre mais font l'objet de nombreux débats. De leur côté, Annie Besant et Charles Bradlaugh proposent une méthode pour limiter les naissances, mais ils sont condamnés à six mois de prison.

Juliette : À la Bastille !

Maud : Juliette, faut que tu reprennes tes cours d'histoire.

PLACE DE LA FEMME

La femme ne peut toujours pas faire grand-chose sans l'accord de son mari. Elle doit être une bonne épouse et une bonne mère. Mais les féministes, hommes et femmes, continuent de se battre.

Juliette : Petite pensée pour eux !

Maud : Grosse pensée pour eux !

En 1901, une première proposition de loi en faveur du vote des femmes est soumise. Une loi est votée en 1907, grâce à Léopold Goirand, pour que la femme mariée puisse disposer librement de son salaire.

Juliette : On dit merci à M. Goirand !

Bon, le mari a quand même le droit d'attaquer sa femme en justice s'il estime qu'elle ne dépense pas convenablement son argent…

Maud : Comme le manteau que j'ai acheté juste parce qu'il avait une doublure avec des étoiles ?

Et en 1908, les salaires des instituteurs et des institutrices deviennent égaux : c'est une première application du principe « À travail égal, salaire égal » !

Juliette : Et y'a encore du boulot !

PLACE DU POIL

La presse féminine afflue et regorge de publicités aux slogans éloquents quant à l'épilation corporelle. De son côté, le sourcil se porte plutôt épais qu'épilé.

SECRET DE BEAUTÉ

Les magazines féminins lancent les nouvelles tendances. On porte des cols montants mais on veut ressembler aux « demi-mondaines », principalement des danseuses courtisanes.

Les soins maison sont encore présents mais les cosmétiques industriels débarquent. Le maquillage est malgré tout mis de côté, réservée aux femmes de petite vertu, mais le teint clair est toujours de mise.

Maud : Et je suis toujours à la mode !

Par ailleurs, Madeleine Vionnet et Paul Poiret ne tarderont pas à émanciper la femme en supprimant le corset au profit d'un soutien-gorge.

Ju : Et on respire dans 3, 2, 1…

Et si...

CINQUANTE NUANCES DE GREY ÉTAIT ÉCRIT PAR DES FÉMINISTES...

Anastasia Steele, jeune naïve diplômée en littérature…

Non, Anastasia Steele, femme d'affaires internationale, avec 50 personnes, dont 25 % d'hommes, sous ses ordres, dans une entreprise de BTP

… accepte de remplacer Katherine sa colocataire malade…

Elle a l'endométriose, elle a le droit de déposer un arrêt maladie !

… pour interviewer l'homme d'affaires et milliardaire Christian Grey.

Non, un homme sensible qui se cherche

Jeune P-DG séduisant et mystérieux, ce dernier l'intimide.

Non, elle n'est pas intimidée, elle voit en lui une future collaboration professionnelle (et éventuellement un PCR)

Très attirée par lui, elle se verra rapidement devenir sa soumise.

Non, elle sera une fois soumise, une fois dominatrice. 50-50

Pour cela un contrat va être rédigé afin de définir les règles de ce jeu dangereux.

Sur le contrat, elle ne gagnera pas 30 % de moins que lui, elle aura les mêmes avantages, la même évolution de carrière, etc.

À mesure que leur relation progresse, la jeune et innocente Ana…

Non, la responsable et avertie Ana

… est confrontée à un nouvel univers : Christian est adepte du BDSM

BDSM qui ne signifie pas Bondage, Domination, Soumission et Masochisme mais Bonne Démarche pour une Sexualité Matriarcale

et va initier Anastacia à ces pratiques.

Non, elle va aussi lui montrer le chemin, c'est réciproque !

La jeune femme doit alors décider si elle est prête ou non à entrer dans cet univers...

L'élève va même dépasser le maître, parce que les femmes sont meilleures !!!

Juliette : Houlà, ça, c'est pas du tout féministe !

Maud : Non, ça c'est misandre.

Juliette : Misandre ? C'est joli, j'appellerais bien mon fils omme ça !

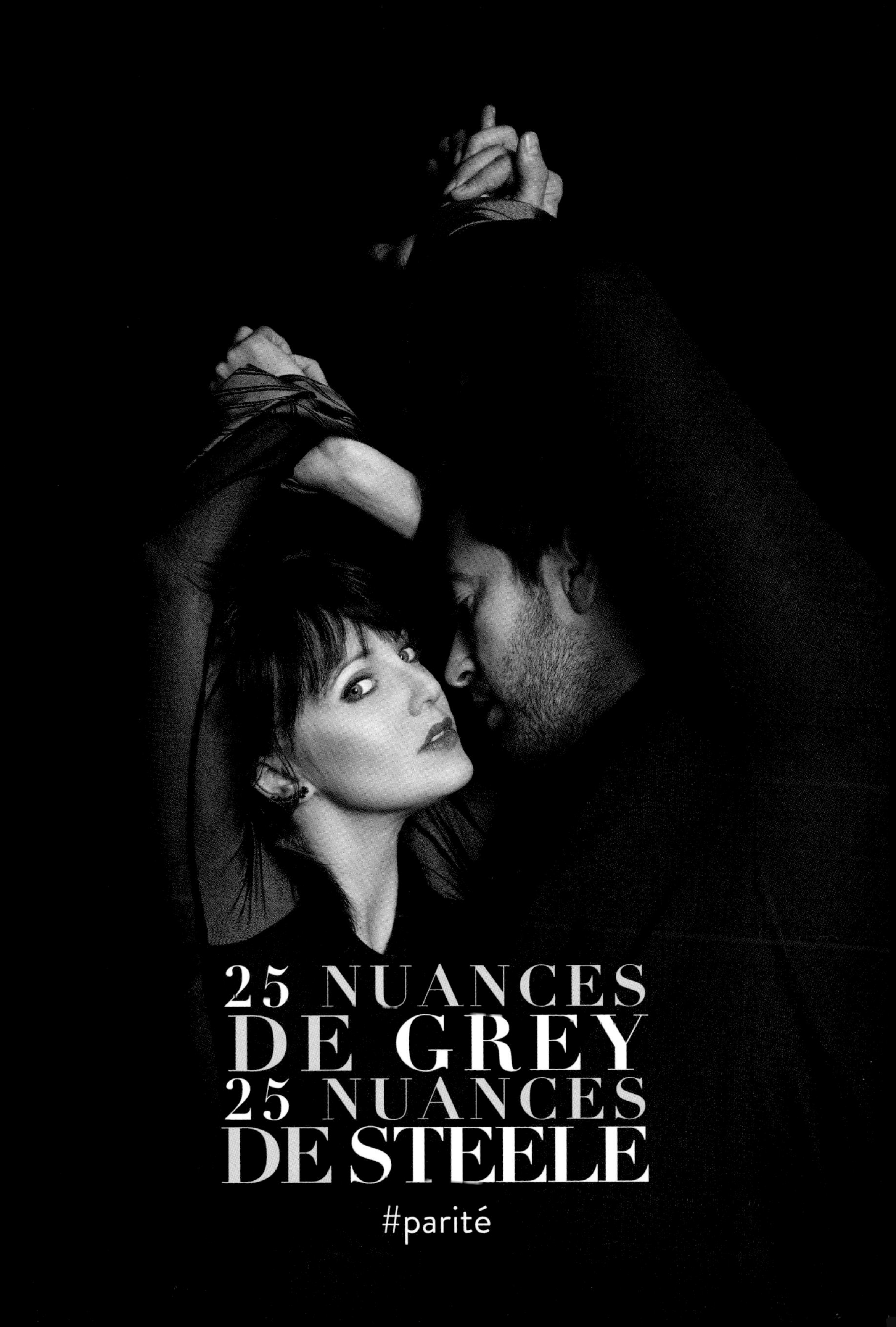
25 NUANCES
DE GREY
25 NUANCES
DE STEELE
#parité

50 nuances de romances érotiques

Je me souviens, c'était un matin de juillet 1996. La sonnette de mon appartement new-yorkais retentit… Mon cœur battait la chamade à l'idée de revoir ce beau jeune homme. J'ouvris la porte et le redécouvris comme pour la première fois : ses lèvres rosées par la fraîcheur du matin, ses yeux bleu azur, ses épaules saillantes et son torse bombé… Je sentis une boule de désir monter en moi.
Je lui dis : « Toujours très ponctuel ! » Il esquissa un sourire et me répondit : « Je me suis tellement langui de toi ! – Tu aimes ce que je porte ? », ajoutai-je en entrouvrant mon déshabillé de soie. Il resta un moment interdit et me dit : « Quoi que tu portes, je ne pense qu'à te l'enlever… » Il me saisit par la taille et me donna un baiser enflammé. Transportée par cette fusion érotique, je plaquai mes mains sur ses fesses galbées. Les yeux fermés, je m'enivrai de son parfum si singulier : cèdre, citron, gingembre. Ses bras puissants m'arrachèrent soudain à la gravité, comme si Newton n'avait jamais existé. Il était muscles, j'étais plume. Il me renversa sur mon canapé bleu outremer fraîchement acheté chez l'antiquaire du coin. À genoux devant moi, je devinais sa verge tendue sous son pantalon de lin. Il se coucha sur mon corps brûlant et pénétra délicatement mon intimité. Enlacés, nous ne faisions plus qu'un…

Fin.

IMAGINONS MAINTENANT CETTE MÊME HISTOIRE AVEC NOS PERSONNAGES FICTIFS FAVORIS

50 nuances de Rocky Balboa

Je me souviens, c'était un matin de novembre 1975. La sonnette de ma petite maison de Philadelphie retentit… Mon cœur battait la chamade à l'idée de revoir l'homme à l'œil du tigre. J'ouvris la porte et le redécouvris comme pour la première fois : son regard de cocker, sa lèvre tombante, son short patriotique et son protège-dents qui n'enlevait rien de sa superbe. Je sentis une boule de désir monter en moi . Je lui dis : « Toujours très ponctuel ! » Il enleva sa gouttière et me répondit « Et encore ! J'aurais pu arriver plus tôt si j'avais pas eu à gober mes six œufs crus avant de venir ! – Tu aimes ce que je porte ? » ajoutai-je en entrouvrant mon déshabillé de soie. Il resta un moment interdit et me dit : « Ça me rappelle le peignoir d'Apollo Creed… » Il me saisit par la taille et me donna un baiser sportif. Transportée par cette fusion érotique, je plaquai mes mains sur ses fesses bétonnées. Les yeux fermés, je m'enivrai de son parfum si singulier : une odeur de vestiaire. Ses bras testostéronés m'arrachèrent soudain à la gravité comme si Newton n'avait jamais existé. Il était muscles, j'étais poids plume. Il me renversa sur mon canapé bleu outremer fraîchement acheté chez l'antiquaire du coin et me fit, dans son élan, une clé de bras avant de s'excuser de cette déformation professionnelle. À genoux devant moi, je devinais sa verge d'acier sous son shorty de lumière, mais ce n'était que sa coquille. Il coucha son corps lourd sur mon corps brûlant puis me dit « Finalement, je crois que je préfère revoir Adrian » et partit. Abandonnée, mon sex toy et moi ne fîmes plus qu'un.

Fin.

50 nuances de Batman

Je me souviens, c'était un matin de septembre 1990. La sonnette de mon appartement de Gotham City retentit… Mon cœur battait la chamade à l'idée de revoir cet énigmatique homme masqué. J'ouvris la porte et le redécouvris comme pour la première fois : sa mâchoire Mennen, ses yeux écrasés sous son masque, son torse exagérément bombé sous une armure qui ne trompait personne et ses petites oreilles pointues qui lui ôtaient tout sex-appeal… Je sentis une boule de désir monter en moi. Je lui dis : « Toujours très ponctuel ! » Il esquissa un sourire et me répondit : « Et encore ! J'aurais pu arriver plus tôt si ma Batmobile n'était pas tombée en panne ! D'ailleurs, je l'ai laissée sur une place livraison, ça craint pas ton quartier ? – Tu aimes ce que je porte ? » ajoutai-je en entrouvrant mon déshabillé de soie. Il resta un moment interdit et me dit : « Joker ! » Il me saisit par la taille et me donna un Bat-baiser en laissant échapper un : « Oh, Robin… ». Transportée par cette fusion érotique, je tentai de plaquer mes mains sur ses fesses prises au piège dans sa cape décidément inutile. Les yeux fermés, je m'enivrai de son parfum si singulier : une odeur de grotte. Son Bat-pistolet puissant m'arracha soudain à la gravité, comme si Newton n'avait jamais existé. Il était fou, j'étais flippée. Du plafond, il me renversa sur mon canapé bleu outremer fraîchement acheté chez l'antiquaire du coin. Au-dessus de moi, je devinais sa Bite-mobile sous son pantalon de simili-cuir. Soudain, il aperçut au loin un toit en feu, s'élança par la fenêtre en oubliant mon corps sonné par la chute, et pénétra délicatement dans l'immeuble brûlant. Dépitée, je ne faisais plus qu'une…

Fin.

50 nuance de Tintin

Je me souviens, c'était un matin de juillet 1931. La cloche du château de Moulinsart retentit… Mon cœur battait la chamade à l'idée de revoir ce minot de Belgique. J'ouvris la porte et le redécouvris comme pour la première fois : ses yeux aussi inexpressifs que ceux d'un merlan, son corps de lâche en 2D, sa houppette infroissable même au Tibet, et ses deux boules de cristal. Je sentis une vague de désir monter en moi. Je lui dis : « Toujours très ponctuel ! » Il esquissa un sourire et me répondit : « Et encore ! J'aurais pu arriver plus tôt, mais je devais résoudre le secret de la Licorne ! – Tu aimes ce que je porte ? » ajoutai-je en entrouvrant mon déshabillé de soie Il resta un moment interdit et me dit : « Pas très pratique pour sortir le chien ! » Il me saisit par la main et me donna un os. Transportée par cette étonnante métaphore érotique, je plaquai mes mains sur ses fesses imberbes. Les yeux fermés, je m'enivrais de son parfum si singulier : le tournesol. Ses bras maigres me repoussèrent soudain comme si mon sex-appeal n'avait jamais existé. Il était pur, j'étais deg. Il se précipita vers mon canapé bleu outremer fraîchement acheté chez l'antiquaire du coin et demanda s'il n'avait pas appartenu à Rackham le Rouge. À genoux devant moi, je devinais que sa verge ne quitterait définitivement jamais son pantalon de golfeur dans lequel tout doit macérer depuis des siècles. Il s'assit sur le divan et me raconta son objectif Lune. J'y vis une lueur d'espoir qui s'éteignit très vite : il me parlait de l'astre. Frustrée, nous faisions deux…

Fin.

50 nuances de Marty McFly

Je me souviens, c'était un matin d'octobre 1985. L'horloge de l'hôtel de ville indiquait 9h. La sonnette de mon pavillon de Hill Valley retentit… Mon cœur battait la chamade à l'idée de revoir ce jeune cancre. J'ouvris la porte et le redécouvris comme pour la première fois : sa doudoune sans manches anti glam, sa coupe de dernier de la classe, sa paire de Nike astucieuses et l'élégance de la doublure à pois de sa veste en jean. Je sentis une boule de désir monter en moi. Je lui dis : « Toujours très ponctuel ! » Il esquissa un sourire et me répondit : « Et encore ! J'aurais pu arriver plus tôt si le Doc m'avait pas envoyé au Far West ! – Tu aimes ce que je porte ? » ajoutai-je en entrouvrant mon déshabillé de soie. Il resta un moment interdit et me dit : « Ça dépend, y'a la version avec laçage automatique ? » Il me saisit par la taille et me donna un baiser de lycéen boutonneux. Transportée par cette fusion érotique, je plaquai mes mains sur ses fesses perdues dans son 501 trop large. Les yeux fermés, je m'enivrai de son parfum si singulier : une odeur de vieille DeLorean. Son hoverboard m'arracha soudain à la gravité comme si Newton n'avait jamais existé. Il était du futur, j'étais dépassée. L'hoverboard me renversa sur mon canapé bleu outremer fraîchement acheté chez l'antiquaire du coin. Debout devant moi, je devinais une verge étonnamment large, mais déception, ce n'était que son almanach des sports roulé dans sa poche. Il s'approcha de mon corps brûlant et s'arrêta en me demandant si je n'étais pas sa mère. Amusés, nous faisions deux potes...

Fin.

50 nuances de Jack Sparrow

Je me souviens, c'était un matin de juillet 1640. La clochette de ma maisonnette de Port Royal retentit... Mon cœur battait la chamade à l'idée de revoir ce pirate maniéré. J'ouvris la porte et le redécouvris comme pour la première fois : sa démarche de poulet boiteux, ses dreadlocks de vendeur de djembé, son smokey eye et sa chemise de poète raté. Je sentis une boule de désir monter en moi. Je lui dis : « Toujours très ponctuel ! » Il esquissa un sourire et me répondit : « Et encore, j'aurais pu arriver plus tôt si j'avais pu venir en Black Pearl ! — Tu aimes ce que je porte ? », ajoutai-je en entrouvrant mon déshabillé de soie. Il resta un moment interdit et me dit : « Dis-donc, tu nous caches deux gros trésors là-dessous ! » Il me saisit par la taille et me donna un baiser enflammé au rhum. Transportée par cette fusion alcoolique, je plaquai mes mains sur ses fesses cachées sous sa redingote de marin. Les yeux fermés, je m'enivrai de son parfum si singulier : l'odeur de la marée. Ses bras mous tentèrent en vain de m'arracher à la gravité comme si Newton n'avait jamais existé. Il était bourré, j'étais sobre. Par empathie, je me renversai moi-même sur mon canapé bleu outremer fraîchement acheté chez l'antiquaire du coin. À genoux devant moi, je devinais sa verge raide sous son pantalon de deuxième main, mais déception, ce n'était que sa grande épée. Il se coucha sur mon corps brûlant puis finalement, trop imbibé pour hisser quoi que ce soit, il se mit à cuver. Enlacés, nous faisions un demi...

Fin.

50 nuances de Gandalf

Je me souviens, c'était un soir de pluie et de brouillard. Le heurtoir de la porte de ma chaumière en plein centre du Comté retentit. Mon cœur battait la chamade à l'idée de revoir ce vieux barbu étonnamment conservé pour un homme de 7 000 ans. J'ôtai mon loquet, ouvris la lourde porte et le redécouvris comme pour la première fois : sa longue barbe rêche aux pointes fourchues, sa tunique informe, son chapeau déniché aux puces de Saint-Ouen et ses cheveux couleur du passé... Je sentis une boule de désir monter en moi. Je lui dis : « Toujours très ponctuel ! » Il esquissa un sourire jauni par la pipe et me répondit : « Et encore ! J'aurais pu arriver plus tôt si j'avais pas eu à accompagner ce crétin de Frodon dans les grottes du Gondor ! — Tu aimes ce que porte ? » ajoutai-je en entrouvrant mon déshabillé de soie. Il resta un moment interdit et me dit : « Oh, ben c'est toujours mieux que mon drap gris en toile de jute ! » Il me saisit par la taille et me donna un baiser de ses lèvres gercées par les neiges de la Moria. Transportée par cette fusion érotique, je plaquai mes mains sur ses fesses ridées. Les yeux fermés, je m'enivrai de son parfum si singulier : une vieille odeur de grenier... Son grand bâton enchanté m'arracha soudain à la gravité comme si Newton n'avait jamais existé. Il était magicien, j'étais aigle ! D'un coup de son bâton de berger, il me renversa à côté de mon canapé bleu outremer fraîchement acheté chez l'antiquaire du coin. Je m'écorchai le genou mais ne lui en tins pas rigueur. En tailleur devant moi, je devinais sa verge molle sous sa toge grise. Il se coucha près de mon corps brûlant et ronfla. L'un à côté de l'autre, nous faisions deux...

Fin.

50 nuances de James Bond

Je me souviens, c'était un matin de juillet 1960. La sonnette de mon loft londonien retentit... Mon cœur battait la chamade à l'idée de revoir cet agent secret connu. J'ouvris la porte et le redécouvris comme pour la première fois : son smoking de gentleman oublié, son brushing de chanteur italien, son regard mi-séducteur mi-bovin et ses dents blanches dans lesquelles s'était coincé un reste d'olive, vestige de son dernier cocktail... Je sentis une boule de désir monter en moi . Je lui dis : « Toujours très ponctuel ! » Il esquissa un sourire et me répondit : « Et encore ! J'aurais pu arriver plus tôt mais je devais appeler mon cul ! ». Étonnée, je lui demandai : « Quoi ?! », il répondit : « Tu connais pas mon Q ? C'est celui qui fabrique mes gadgets ! — Tu aimes ce que je porte ? » ajoutai-je, soulagée, en entrouvrant mon déshabillé de soie. Il resta un moment interdit et me dit : « Bande. Je bande. » Il me saisit par la taille et me donna un baiser homologué par ma libido. Transportée par cette fusion érotique, je plaquai mes mains sur ses fesses bien trop de fois tripotées. Les yeux fermés, je m'enivrai de son parfum si singulier : un mélange de vodka et de martini. Son gadget au bras m'arracha soudain à la gravité comme si Newton n'avait jamais existé. Il était homme à femmes, j'étais cocue. Il me renversa sur mon canapé bleu outremer fraîchement acheté chez l'antiquaire du coin. À genoux devant moi, je devinais une verge excessivement dure sous son pantalon de coton des prairies, mais ce n'était que son pistolet d'or. Il se coucha sur mon corps brûlant et me regarda en disant : « Tu me rappelles Miss Monneypennis... » Vexée, je le renvoyai voir son Q... Et je ne faisais une nouvelle fois plus qu'une...

Fin.

1 nuance de Rocco Siffredi

Je me souviens, c'était une nuit du premier samedi du mois. La sonnette de mon appartement italien retentit... Mon cœur battait la chamade à l'idée de revoir ce bellâtre gâté par la nature. J'ouvris la porte et il me prit le cul.

Fin.

Belle…

DANS LES ANNÉES 20

LES ANNÉES 20 VOIENT ARRIVER UN TOUT NOUVEAU STYLE : LA GARÇONNE.
L'heure est à la silhouette en tube, les cheveux courts et les gambettes à l'air !

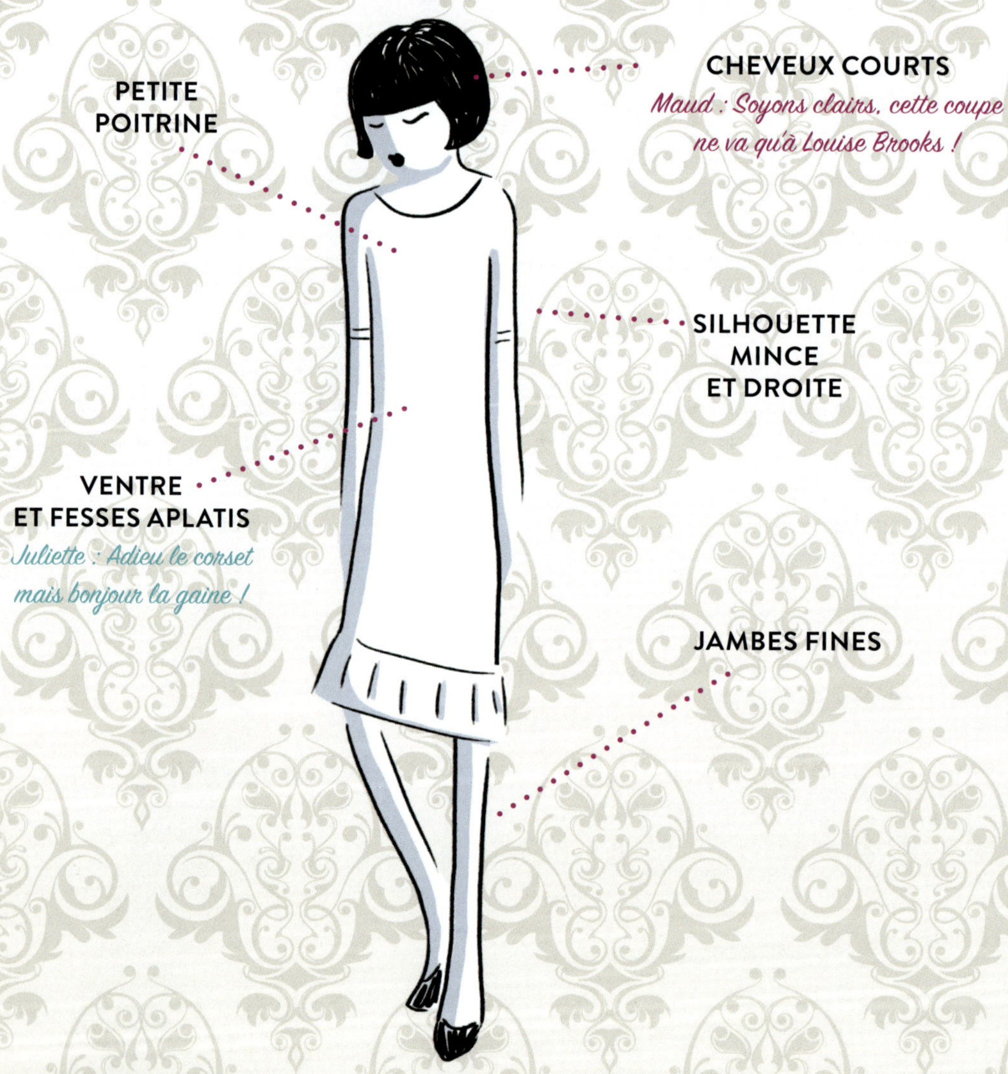

POINT HISTORICO-SEXO

La sexualité des hommes et des femmes n'est toujours pas logée à la même enseigne. Mais les femmes se libèrent un peu plus et tentent d'oublier le devoir de virginité. Même si en théorie elles sont toujours tenues d'être vierges pour le mariage, certaines femmes osent les relations prénuptiales. L'acte sexuel et le plaisir deviennent peu à peu indissociables. On met l'accent sur les préliminaires. Et le baiser profond, jusqu'ici scandaleux, devient monnaie courante.

Juliette : Le fameux baiser de cinéma !

Par contre, les lois contre la contraception sont renforcées, toute publicité est interdite. La femme n'a pas encore le contrôle de son corps !

PLACE DE LA FEMME

Ça y est, des classes populaires au milieu bourgeois, on ne se marie plus par convenance mais par amour ! Et on pratique de plus en plus le flirt. Les jeunes gens sortent ensemble, les lieux de loisir se multiplient. Dans le couple se développe la tendresse, un mari violent est blâmé par l'opinion.

Juliette : Et pas avant ?

Maud : Si mais moins.

Juliette : Va comprendre.

Guerre de 14-18 oblige, les femmes travaillent, mais l'après-guerre les replace au foyer. Pour celles qui travaillent, les conditions sont très dures : scandale du fait de leur indépendance, salaire inférieur à celui des hommes, premières à être au chômage en cas de crise, chantage sexuel, etc. Nombreux sont les hommes et les femmes qui continuent de se battre pour l'égalité des sexes.

Et en 1920, un grand nombre de femmes dans le monde ont le droit de vote, les Françaises toujours pas.

Maud : En même temps, tu comprends... euh... tu vois... euh, non je cherche une raison valable, j'en vois pas...

PLACE DU POIL

Le sourcil est toujours épilé, même parfois rasé et redessiné afin de le rendre aussi fin que possible.

Maud : Comme Marlene Dietrich !

Juliette : Ou comme ma tante Gilberte, mais en moins glam.

Les jupes se raccourcissent et les bras se dénudent : on s'épile désormais les aisselles et les jambes !

SECRET DE BEAUTÉ

Au lendemain de la guerre, les femmes veulent plaire. Le maquillage est de sortie ! On accentue son regard avec un *smokey eye*, les lèvres sont rouge sombre et les cheveux à la Louise Brooks, *of course* ! Le rouge à lèvres rétractable fait son entrée.

Juliette : Mais comment faisaient-elles avant ?!

Les vêtements s'adaptent à une vie dynamique, voire sportive ! Coco Chanel en profite pour supprimer la taille et raccourcir les jupes, la tenue de plage fait son apparition. Plus besoin de se balader dans le sable en longue robe double épaisseur.

Maud : Encore qu'à Dunkerque j'y suis souvent allée avec une double épaisseur...

COMMENT PROPOSER UNE PARTOUZE À SES AMIS ?

Méthode de Maud

Moi, j'ai une amie, enfin non, une amie d'amie… enfin je la connais pas beaucoup mais elle m'a raconté que des amis à elle, enfin non, des amis d'amis à elle, enfin ils la connaissaient pas beaucoup mais ils lui ont proposé un plan à plusieurs avec un innocent « action ou vérité » en fin de dîner. Pour moi, c'est le meilleur moyen d'arriver à ses fins !

Commencez par poser la question « action ou vérité ? » à vos invités.

Si votre ami Jean-Hervé vous répond « vérité », vous pouvez par exemple lui demander : « Quel est ton sport collectif préféré ? » ; « Que penses-tu du dicton *l'union fait la force* ? » ou encore : « As-tu déjà dit *plus on est de fous, plus on rit* ? » ; « Aimes-tu le Twister ? » ; « Si tu étais un animal, aimerais-tu être un bonobo ? »

Et si votre ami Jean-Hervé répond « action », vous pouvez toujours lui proposer : « Ramasse les clés ! » Jean-Hervé vous demandera alors : « Lesquelles ? Celles entre les jambes de Gérard ? » et hop, ni vu, ni connu, le tour sera joué !

Méthode de Juliette

Je ne comprends rien aux allusions de Maud ! Avec sa méthode, on y est encore à la Saint-Glinglin ! Pour moi, y'a que deux options si on fait un action ou vérité :

Vérité : Pratiques-tu la partouze ?

Action : Faisons une partouze !

Au moins c'est clair ! Ma méthode reste la plus simple : en fin de repas je propose toujours : « Un café, une tisane, une partouze ? » Maud, si tu as peur d'effrayer tes invités, tu peux leur préciser le désormais célèbre *Whatever happens in Dunkerque stays in Dunkerque* ! De toute façon, mes invités sont toujours au courant, puisqu'ils reçoivent trois jours avant (cachet de la poste faisant foi) mon carton d'invitation !

LE SAVIEZ-VOUS ?

Le plus grand gang bang de l'histoire…
Lisa Sparxxx, actrice porno américaine, a satisfait 919 partenaires dans une seule et même journée, à l'occasion du 3ᵉ championnat du monde de gang bang en Pologne.

Juliette : Ça lui fait une journée bien chargée !

Maud : Juliette et le sens de l'à-propos…

Partouze day

Je t'invite à ma partouze,
j'espère que tu pourras venir !
Merci de préciser si tu viens accompagné,
et si oui, à combien !

Adresse :

69 rue de la Chaudière, Bourg-la-Reine

Horaire :

19h-22h30

(Parce que Rodrigo a rendez-vous très tôt le lendemain chez son dentiste. À moins que ce dernier ne soit déjà sur place.)

Précision :

Tenue nue exigée

Les codes de l'amour à plusieurs

Qui dit « à plusieurs » dit respect et vivre ensemble, je vous présente donc le code de l'amour à plusieurs !

Dans cette situation :

- Je passe..A
- Je cède le passage.................................B
- Je klaxonne..C

Réponse B :
En effet, la priorité à droite est de rigueur.

À une intersection, quelqu'un force le passage :

- J'informe les autres usagers à l'aide d'un signal sonore..A
- Le policier en latex lui retire *ipso facto* son permis..B
- Il est obligé de se retirer immédiatement ..C

Réponses A, B et C :
Il s'agit bien d'un délit.

Vous vous êtes fait emboutir par l'arrière. Que faites-vous ?

- Je déboîte et prépare le constat à l'amiable..A
- Je fais appel à un témoin pour constater l'étendue des dégâts.................................B
- Je fais appel au policier en latex pour qu'il intervienne...C

Réponses A, B et C :
Toutes les réponses sont bonnes, et vous aussi !

J'ai une panne :

- Je me range sur le bas-côté pour remettre du jus...A
- J'appelle un ami pour qu'il me dépanne..B
- Je force sur la réserve jusqu'à la prochaine bande d'arrêt d'urgence............C

Réponses A, B et C :
Sachez tout de même que le bon vieux coup de la panne a perdu de son romantisme.

En cas de rupture du frein, que fais-je ?

- J'appelle les secours.................................A
- Je sors mon triangle pour prévenir les autres usagers..B
- Je m'évanouis.......................................C

Réponses A, B, et C :
Si possible, dans cet ordre !

La consommation d'alcool :

- Augmente le temps de réaction.........A
- Rétrécit le champ visuel......................B
- Réduit la dureté de l'érection et l'endurance des messieurs............................C

Réponses A, B et C :
Boire ou jouir, il faut choisir !

Pour plus de sûreté, pensez à :

- Faire une pause toutes les 2 heures...A
- Attacher vos passagers..........................B
- Manger 5 fruits et légumes par jour...C

Réponses A, B et C :
Vous n'imaginez pas tout ce qu'on peut faire avec un panier garni bio, et n'oubliez pas de sortir couverts !

Sur chaussée humide, dois-je réduire ma vitesse ?

- Oui...A
- Non...B

Réponses A et B :
Le bon rythme, c'est le vôtre !

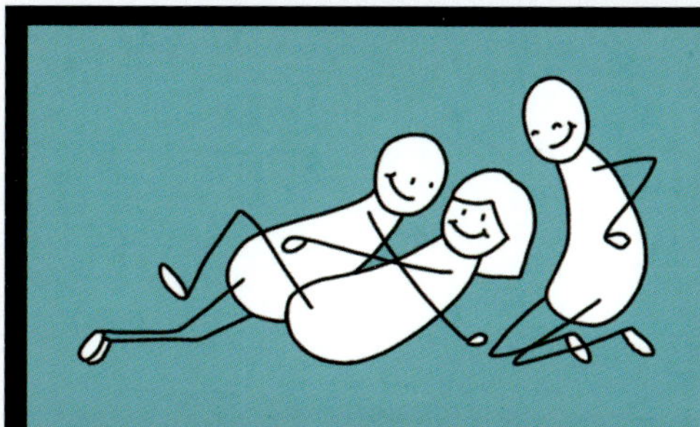

Il y a déjà du monde engagé dans la même voie :

- Je me mets en file d'attente................A
- J'emprunte un autre chemin................B
- Je fais demi-tour.................................C

Réponses A, B et C :
Pourvu que tout le monde soit d'accord.

Un agent de la force publique me fait signe de m'arrêter :

- Je m'arrête, impressionné par sa matraque...A
- Je l'accueille, c'est le chippendale qu'on a commandé...B
- J'accélère, car c'est un faux...............C

Réponse C :
Aucun policier n'est habilité à porter autant de latex.

De l'importance de ne pas passer pour un plouc auprès de vos hôtes lors d'une soirée échangiste

NOUS SOMMES MERCREDI 15H ET VOUS ÊTES INVITÉ PAR DEUX AMIS À UN PETIT GOÛTER ÉCHANGISTE. L'IGNORANCE ÉTANT MÈRE D'INCIVILITÉS, VOICI LES RÈGLES DE POLITESSE EN SOCIÉTÉ LIBÉRÉE…

Règle numéro 1

Ne venez jamais les mains vides :
Apportez toujours une petite bouteille. Un lubrifiant de qualité supérieure fera grandement plaisir à votre hôte.

Règle numéro 2

Optez pour le « baisemain » plutôt que la bise.
Vous apparaîtrez aux yeux de tous comme un gentleman aguerri ou une jeune femme bien éduquée. En soirée fétichiste, osez le « baisepied ».

Règle numéro 3

Vous pouvez complimenter la maîtresse de maison sur son intérieur cosy…
Mais ne demandez jamais si sa moquette est assortie aux rideaux.

Règle numéro 4

Ne dites jamais : « Enlève ta culotte, c'est moi qui pilote ! »
Il est de notoriété publique que c'est à la maîtresse de maison de piloter en premier, même si elle a tendance à déboîter sans clignotant.

Règle numéro 5

Ne dites pas : « Beurk, j'aime pas ! » sans avoir goûté,
surtout si la maîtresse de maison s'est pliée en quatre.

Règle numéro 6

Lorsque les mœurs s'échauffent, pensez à vous hydrater régulièrement,
et à faire une pause dans un endroit frais toutes les 2 heures : la santé avant tout ! Et mangez 5 fruits et légumes par jour.

Maud : Rien à voir…

Juliette : Le transit, c'est le ciment du couple.

Règle numéro 7

Ne dites jamais,
mais alors jamais : « Le transit, c'est le ciment du couple. »

Règle numéro 8

Inquiétez-vous du confort de votre nouvelle ou nouveau partenaire,
en lui proposant des coussins à mémoire de forme pour éviter des tensions de la nuque. N'hésitez pas à vous enquérir de la santé de ses grands-parents. À moins qu'ils ne soient présents.

Règle numéro 9

Ne dites pas : « Casse-moi les pattes arrière, Pierre-Marie. »
Préférez un plus élégant : « Cassez-moi les pattes arrières, Pierre-Marie… » Vous remarquerez que le vouvoiement apporte finesse et distinction à vos propos.

Règle numéro 10

Un SMS de remerciement sera le bienvenu dans les 24 heures.
Optez pour le toujours efficace « merci pour ce moment » ou « j'aurais pas oublié mon pantalon, par hasard ? »

Voilà, vous êtes maintenant distingué, vous serez à coup sûr réinvité.

ATTENTION : REPARTEZ AVEC LE OU LA PARTENAIRE D'ORIGINE, CAR ÉCHANGER N'EST PAS DONNER !

VOUS FRÉQUENTEZ LES CLUBS SM ? N'Y ALLEZ PAS SANS AVOIR TROUVÉ VOTRE MOT DE PASSE !

Comme tout bon sadomasochiste qui se respecte, il vous faut trouver un mot de passe qui signalera à votre partenaire que vous souhaitez arrêter le jeu !

POUR LES PLUS ENFANTINS

« Jacques a dit : "On arrête !" »

POUR LES GEEKS

« Game over. »

POUR LES POLICIERS

« Circulez ! »

POUR LES COMÉDIENS

« Rideau ! »

POUR LES ARBITRES

« Carton rouge. »

POUR LES CUISINIERS

« Ça sent le brûlé, non ? »

POUR LES DINGUES DE POLITIQUE

« Vous n'avez pas le monopole du cul. »

POUR LES POMPES FUNÈBRES

« Ça sent le sapin, non ? »

POUR LES CINÉPHILES

« Coupez !!!! »

POUR LES PROFS

« Drriing ! »

POUR UN CORSE

« Sieste générale ! »

POUR UN FRANÇAIS

« Grève générale ! »

ÖRGAÅSMIK

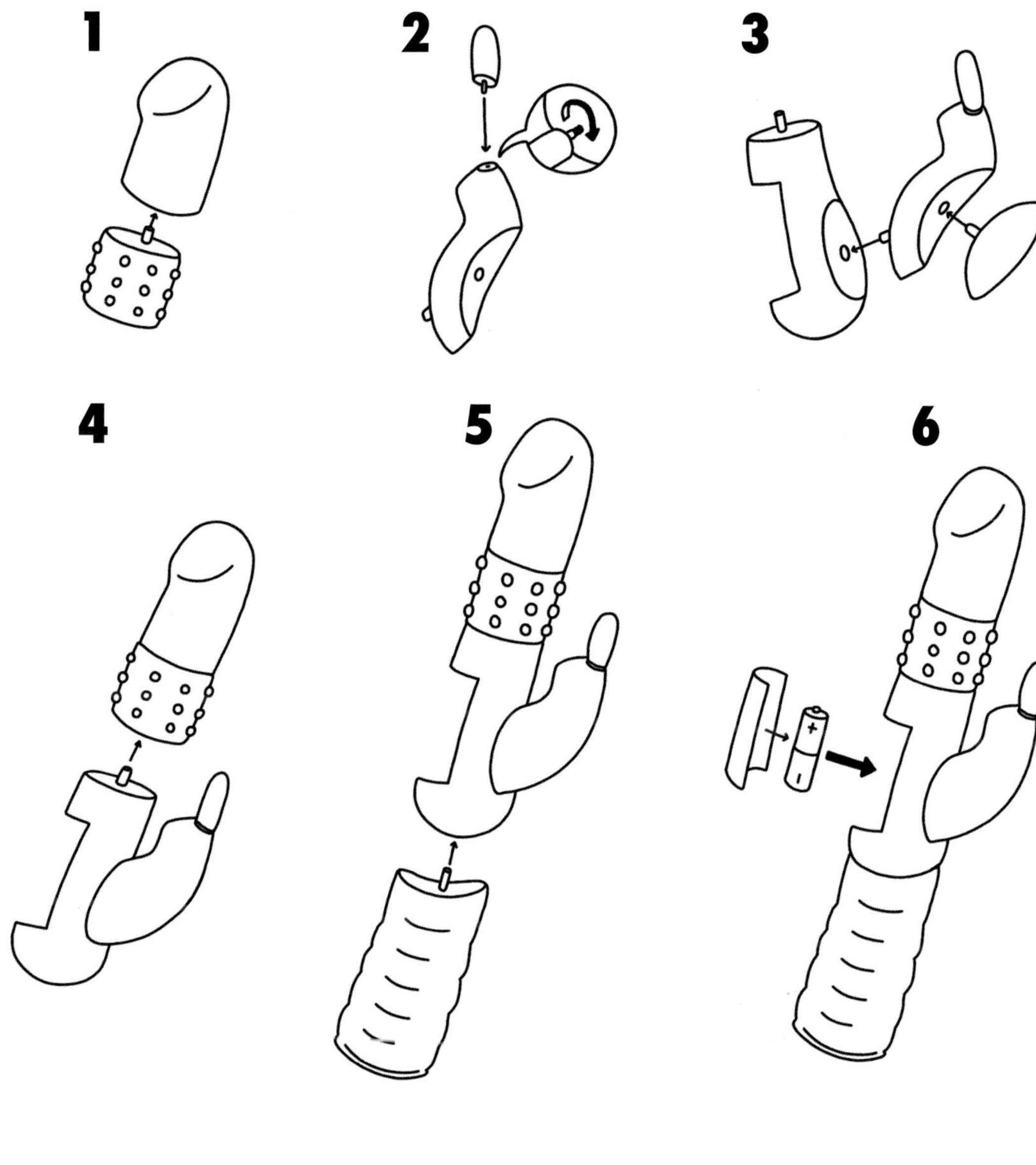
1
2
3
4
5
6

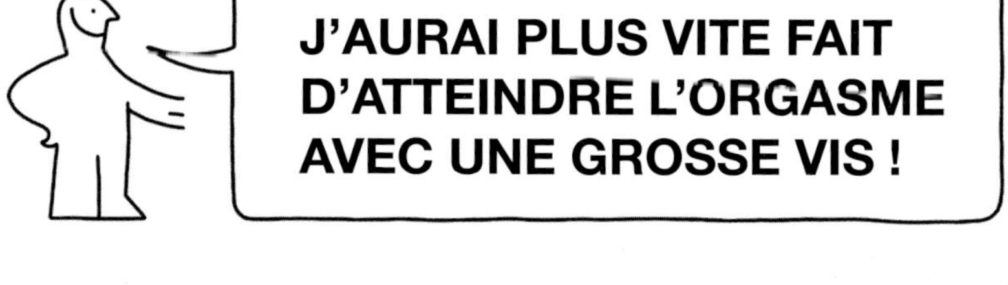
J'AURAI PLUS VITE FAIT
D'ATTEINDRE L'ORGASME
AVEC UNE GROSSE VIS !

Belle…

Dans les années 50

GRÂCE, ÉLÉGANCE, GLAMOUR… Les actrices américaines imposent leur style, Marilyn Monroe en tête. C'est l'heure des culottes gainantes, des soutiens-gorge pigeonnants, des talons aiguilles et des bikinis !

Juliette : On m'a toujours dit que je ressemblais un peu à Marilyn Monroe !

Maud : Qui t'a dit ça ? Stevie Wonder ?

LÈVRES PULPEUSES, CHEVEUX BOUCLÉS ET CRANTÉS

Juliette : Y'a pas à dire, c'était la classe !

POITRINE IMPOSANTE

TAILLE MARQUÉE

FORMES GÉNÉREUSES

TALONS AIGUILLES

Maud : Et du coup, création du très glamour « pansement pour ampoules » !

POINT HISTORICO-SEXO

En matière de drague, les femmes prennent un peu plus d'assurance : elles osent faire le premier pas. Bon, faut pas trop déconner parce que t'es vite étiquetée « fille facile ».

Maud : Et encore, fille facile, c'est le mot mignon !

Comme depuis la nuit des temps, une fille qui arrive vierge au mariage est une fille bien. Dans le cas d'un mec, c'est un sujet de moqueries auprès de ses potes. La contraception et l'avortement sont interdits, celles qui aident à avorter peuvent même être guillotinées.

Juliette : Guillotinées ?! Pourquoi pas brûlées sur la place publique pendant qu'on y est ?

En 1956 est créée l'association « La Maternité heureuse » qui deviendra le Planning familial. L'association quasi clandestine sensibilise en secret les couples au contrôle des naissances pour éviter les avortements clandestins et ses conditions dramatiques. L'utilisation du préservatif (masculin, précisons-le !) reste limitée et soumise au bon vouloir de Monsieur.

PLACE DE LA FEMME

Au cinéma, les vedettes fantasmées sont volcaniques et sensuelles. Mais, dans la vraie vie, l'idéal féminin reste plutôt une mère au foyer bien sous touts rapports. Les médias appuient également cette image de fée du logis.

Maud : Les années 50 et leurs magnifiques pubs sexistes !

Ju : Remarque, y'en a toujours...

Si la femme travaille, c'est avec l'autorisation du mari, et elle doit être capable de continuer à s'occuper de lui et de leurs enfants. Les familles nombreuses sont d'ailleurs encouragées. Par contre, depuis 1944, les femmes ont enfin le droit de vote et d'éligibilité ! Et elles ont désormais une place dans la vie politique.

Juliette : On avance, on ne lâche rien !

PLACE DU POIL

Désormais, on montre son corps et l'épilation est de mise, y compris le maillot. Le sourcil est fin et arqué.

SECRET DE BEAUTÉ

À cette époque, la majorité des produits sont des cosmétiques industriels, même si la guerre a causé des soucis aux industries. Faux cils, eye-liner et lèvres rouges hollywoodiennes sont au rendez-vous. Les cheveux sont également très travaillés, les femmes y passent des heures. Le style est partagé entre deux icônes : la femme fatale façon Marilyn Monroe ou la femme enfant version Audrey Hepburn.

Les communiqués de l'AFP refusés

Marseille

Non, le frout n'est pas une lose sexuelle !

Le 25 août dernier, le Comité des frouteuses de Marseille a fédéré plus de 7 000 personnes.

« Trop souvent critiqué, le frout subit des polémiques qu'il ne mérite pas », nous dit Gérard, l'un des rares hommes présents lors de cette manifestation. « Le qualifier de pet est une erreur, puisqu'il n'y a pas de fermentation de bactéries comme pour une flatulence classique ! » explique le Dr Mireille Dumasse.

Les affiches portant le célèbre slogan *Yes we frout too !* recouvraient hier encore les murs de la ville, au grand désespoir de certains vacanciers venus passer leur lune de miel.

Ce mouvement devrait notamment servir à montrer aux citoyens qu'il est tout à fait normal de frouter dans certaines positions et que cet appel d'air n'est dû qu'à un mouvement de trop de la part des messieurs.

« Les Marseillais commencent à prendre conscience de la gravité de l'amalgame, et nous espérons que ce sera un exemple pour toutes les villes de France », affirme Christine B., 47 ans, jeune retraitée de l'armée de l'air.

« Honte à ceux qui en ont honte, réhabilitons le frout ! », crie en chœur une équipe de footballeuses locale.

Une horde de CRS a été mobilisée pour l'occasion, mais aucun débordement n'a été signalé.

Pour soutenir ce mouvement, la chanteuse Marina and the Diamonds a même dédié son album, *Froot*, à cette belle cause. Tous les bénéfices seront reversés aux victimes psychologiquement blessées par les moqueries des antifrouteurs.

Rencontre

Le *penis captivus* : réalité ou fiction ?

Depuis toujours, l'esprit des hommes est hanté par la peur de se faire aspirer le chibre par le vagin de leur partenaire, tel le cheval Artax dans L'Histoire sans fin (attention spoiler !)

Nous savons aujourd'hui que ce cas est quasi inexistant. Il serait en effet physiologiquement difficile de rester coincé, la verge humaine n'étant pas conçue comme celle des chiens qui eux, subissent assez souvent cette situation humiliante. Pourtant, un cas aurait été répertorié dans la littérature scientifique : Michel Bellebête. C'est ainsi qu'un samedi matin, en plein cœur du marché de Saint-Nom-la-Bretèche, nous avons retrouvé Michel, seul face au monde, banderole au vent et scandant « Vagin, vagin, a-ssa-ssin ! »

Michel nous a confié : « Le *penis captivus* existe ! J'en suis la preuve vivante ! J'aimerais à ce propos changer le nom de cette lose qui ressemble plus à une formule magique d'Harry Potter qu'à un vrai problème sexuel très très sérieux ! » La meute de chiens l'accompagnant semblait approuver son message.

D'après la police, Michel a été libéré de son *penis captivus* il y a plus de vingt ans. D'après Michel, il y est encore. Face à cette incohérence, le doute m'habite. Pour conclure, quelques mots de Raymond Bar (aucun lien), poissonnier du coin : « Michel ferait bien de se décoincer ! »

#PUBSEXISTED'HIER
Le nouveau fouet
MOULISEX
Quel merveilleux cadeau !
Et encore, elle a pas vu ma bite !

#PUBSEXISTEDEDEMAIN
PoKéMeuF®
GO
Attrapez-les toutes !

Quand le portable de Juliette est dysexique

Non, non, pas dyslexique, diSEXique : il transforme les expressions en sexpressions.

Big boss

Hello notre producteur préféré ! Maud et moi aimerions savoir s'il est possible d'avoir une petite augmentation ! Histoire de mettre du beurre dans la raie de Bernard :-)

Désolé les filles, mais c'est la crise, faut qu'on se serre les couilles ! Mais vous me connaissez, je suis droit dans ma bite et je vous augmenterai dès que j'en aurai l'occasion.

Loin de nous l'idée de vous mettre la pression, nous savons que vous vous mettez toujours à 4 sur nous ! On a pas envie que vous vous fassiez des chevaux blancs !

C'est adorable ! Sinon le livre avance bien ?

On n'en est qu'à la moitié, on n'a pas sorti la verge ! Vous connaissez Maud !

Ça ne m'étonne pas, elle cherche toujours la petite bite ! :-)

Mais c'est comme ça qu'on l'aime ! Faut reconnaître qu'elle met beaucoup la main à la chatte !

C'est vrai ! De toute façon j'arrive, je suce en bas dans 10 mn !

OK ! Bisous !!

Répondre...

Maud : Quoi ?! T'as dit BISOUS au producteur ?!

Juliette : Y'a que ça qui te choque ?

Selon les sondages en France, à la question :

COMBIEN DE PARTENAIRES DIFFÉRENTS AVEZ-VOUS EUS AU COURS DE VOTRE VIE ?

les femmes répondent avoir eu 4,4 partenaires différents et les hommes 11, 6 partenaires différentes. Soit un écart de 150 % entre les deux déclarations ! Soyons lucides : c'est bizarre !
Vérifions ensemble ces chiffres, en prenant un panel de 4 hommes et de 4 femmes anonymes…

CAS 1 : Admettons que chaque garçon couche avec une fille au cours de sa vie.

Fig. 1

Dans le cas ci-dessus, les résultats sont :
- Moyenne de partenaires sexuelles chez l'homme : 1 (1+1+1+1 divisé par 4)
- Moyenne de partenaires sexuels chez la femme : 1 (1+1+1+1 divisé par 4)

L'égalité parfaite semble logique !

CAS 2 : Maintenant, allons dans le sens du sondage qui nous dit que les hommes couchent plus que les femmes, et attribuons à chaque garçon le maximum de filles, soit dans notre cas les 4.

Fig. 2

Résultats dans ce cas-là :
- Moyenne de partenaires sexuelles par vie chez l'homme : 4 (4+4+4+4 divisé par 4)
- Moyenne de partenaires sexuels par vie chez la femme : 4 (4+4+4+4 divisé par 4) (Puisque si un garçon couche avec une fille, forcément cette même fille couche avec ce même garçon.) Encore une égalité parfaite.

Maud : Ouais, mais dans la réalité, tout le monde ne couche pas avec tout le monde, sinon ça voudrait dire que j'ai couché avec Rodrigo.

Juliette : Quelle horreur !

CAS 3 : Prenons un schéma plus « réaliste » avec des hommes qui changent souvent de partenaires et d'autres moins, et voyons ce que ça donne chez les femmes.

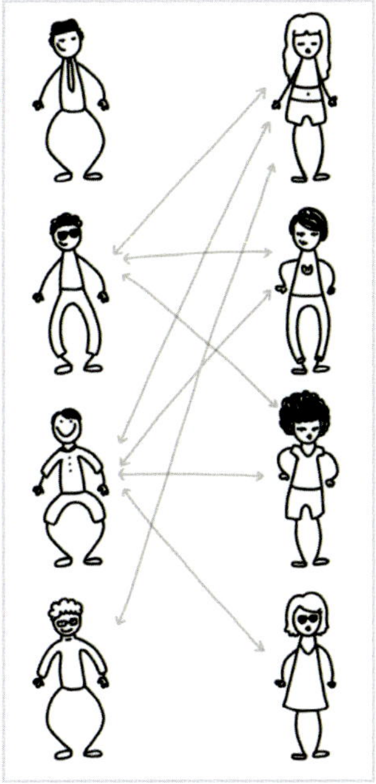

Fig. 3

Dans ce cas, les résultats sont :

- Moyenne de partenaires sexuelles par vie chez l'homme : 2 (0+3+4+1 divisé par 4)
- Moyenne de partenaires sexuels par vie chez la femme : 2 (3+2+2+1 divisé par 4)

Même avec une autre démonstration, on aura toujours le même nombre pour les femmes que pour les hommes, c'est logique !

Si on fait 11.6 – 4.4, il y a un écart entre les deux déclarations. Je pose la question : **QUI SONT CES 7.2 FEMMES D'ÉCART ?**

Maud : Des hommes ? Parce que ton délire est quand même vachement hétérocentré !

Bonne remarque, mais il y a autant de femmes qui déclarent avoir eu des pratiques sexuelles avec un partenaire différent (4 %) que d'hommes (4, 1%) donc c'est pas possible. L'écart est trop faible pour compenser les 150 %.

Des femmes hors de France ?

Rien ne prouve que les Français couchent plus hors de France que les Françaises, donc non.

Je sais pas. Triolisme ? Gang bang ? Partouze où il y a plus d'hommes invités ?

Pareil, cela ne change rien à la moyenne puisque, même s'il y a 10 hommes pour une femme, ils seront 10 à avoir une partenaire nouvelle et elle sera seule à avoir 10 nouveaux partenaires. S'ils font tous partie du sondage, cela ne change rien à la moyenne de chaque sexe.

C'est fou ça ! Alors quelle est ta vérité ?

Des mensonges, Maud, les gens mentent, des deux côtés ! Voilà la vérité ! La société pousse les mecs à surjouer la virilité et les filles à minimiser leur nombre de conquêtes... Et ça nous donne ce sondage bidon où tout le monde a honte d'assumer ce qu'il est ! Tu sais quoi Maud, le seul monde où ce sondage serait crédible serait un monde où il y a 4 hommes pour 11 femmes.

Et ce serait où ?

Dans un porno. C'est tout pour moi, c'était Juliette.

Belle...

Dans les années 70

On saute quelques années et on arrive à un style totalement différent. On passe de la femme pulpeuse à l'athlétique Farrah Fawcett, en passant par la brindille Jane Birkin. C'est la libération des mœurs comme du style ! Deux modes se partagent l'affiche : le style disco et le style hippie.

POINT HISTORICO-SEXO

Quand on dit « années 70 », on pense bien sûr à « libération sexuelle ». En 1967, grâce à la loi de Lucien Neuwirth, la contraception est enfin autorisée. À présent les femmes maîtrisent leur fonction reproductrice : maternité rime avec liberté, on peut enfin copuler sans procréer ! Cette avancée est suivie par la ministre de la Santé Simone Veil, qui fait voter en 1975 la loi « interruption volontaire de grossesse ».

Juliette : En voiture Simone !

Les relations prénuptiales deviennent monnaie courante et les jeunes gens vivent souvent ensemble avant leur mariage. Les mouvements hippies prônent l'amour libre et scandent des slogans tels que « Faites l'amour, pas la guerre. » La présence obligatoire de l'homme dans le plaisir de la femme est remise en question puisqu'on découvre que celle-ci peut s'en donner seule : le plaisir clitoridien est enfin reconnu, merci à Johnson et Masters !

Maud : On avait 2-3 doutes depuis un moment !

La libération homosexuelle est également liée à celle de la femme.

PLACE DE LA FEMME

En 1965, son statut évolue : avec la « réforme du régime matrimonial de 1804 », les femmes peuvent ouvrir un compte en banque, gérer leurs biens ou travailler sans l'autorisation de leur mari. L'accès à une autonomie financière est un tournant vers l'émancipation de la femme.

En 1975, le divorce par simple consentement mutuel devient possible. L'évolution se voit aussi dans l'enseignement : en 1971, les bachelières sont plus nombreuses que les bacheliers !

Maud : Who runs the world ?

Juliette : Girls ! Girls !

PLACE DU POIL

D'un côté, le mouvement hippie libère les poils. Aisselles, sourcils, maillot : la mode est au naturel. De l'autre, le look disco impose son style : on s'épile toujours, le sourcil est fin.

SECRET DE BEAUTÉ

Dans cet esprit disco, les couleurs apparaissent sur les yeux, on les souligne avec insistance au mascara ou on pose des faux cils : effet yeux de biche garanti ! Et en coiffure, on pense bien sûr au célèbre brushing de Farrah Fawcett !
Le look hippie est plus naturel, on détache ses cheveux, on ajoute éventuellement un bandeau, on se maquille à peine.

Maud : C'est le look nude en fait !

Sur les lèvres apparaissent des couleurs telles que le beige ou le corail. Le teint se veut doré, notamment avec les poudres de soleil. Les soutiens-gorge deviennent juste pratiques et confortables et ne doivent pas être associés à une image sexy. Certaines vont jusqu'à l'abandonner.

Juliette : Libérez les tétés !

Scénario d'un bon porno vu par Juliette

« JE VAIS BIEN, MERCI DE DEMANDER, C'EST IMPORTANT LE RESPECT. »

INTÉRIEUR NUIT :
dans une chambre parentale

Un homme élégamment habillé s'avance vers sa femme du même âge que lui. Ils se saluent.

BERNARD
Bonjour, ma femme.

MARIE
Bonjour, mon mari.

Maud : Juliette, personne ne s'appelle comme ça dans un couple !

Juliette : Je fais ce que je veux, c'est mon scénario !

Bernard et Marie s'embrassent amoureusement et respectueusement.

BERNARD
Tu vas bien ?

MARIE
Je vais bien, merci de demander, c'est important le respect.

BERNARD
Je suis d'accord avec toi. Est-ce que tu veux faire l'amour ?

MARIE
Non, pas ce soir.

BERNARD
Ce n'est pas grave, nous verrons demain. Je suis pour le consentement mutuel. Bonne nuit.

MARIE
Moi aussi. C'est important le consentement mutuel. Bonne nuit.

EXTÉRIEUR JOUR :
dans la cuisine d'une jolie maison de campagne

Bernard, confortablement installé devant l'îlot central de la cuisine, boit un café issu du commerce équitable. Marie le rejoint. Elle est en peignoir de bain.

MARIE
Quel régal, cette douche à l'italienne ! C'est important la propreté.

BERNARD
Tu as raison. Moi-même, je me suis débarrassé de mes peaux mortes ce matin avec cette éponge de crins de cheval.

Maud : Qu'est ce que c'est chiant...

MARIE
Quand tu parles de cheval, ça m'excite.

Maud : Et là, c'est glauque...

Juliette : C'est vrai. Je reprends.

MARIE
Te voir boire ton café devant l'îlot central m'excite.

BERNARD
Alors copulons dans le respect et le consentement mutuel. Tu peux te mettre à quatre pattes, s'il te plaît ?

MARIE
Oh oui, un peu d'originalité !

Marie se met à quatre pattes sur le carrelage en grès émaillé.

MARIE, *se redressant*
Ce n'est pas très confortable. *(Elle glisse un petit coussin en coton bio sous ses genoux.)* Ainsi je serai plus à l'aise.

BERNARD
Tu as raison, c'est important le confort.

MARIE, *toujours à quatre pattes*
Elle est agréable cette vue sur le jardin. J'aime beaucoup notre palmier japonais.

BERNARD, *s'agenouille derrière elle*
C'est vrai qu'il est beau. Un peu comme ma...

MARIE, *le coupe en ricanant*
Bernard, tu es impayable !

Maud : Ah ben voilà !
Là il se passe un truc !

BERNARD
Je vais à présent m'introduire délicatement dans ton coquillage. Je n'ai pas mis de préservatif, parce que nous sommes mariés depuis quinze ans, qu'au début de notre relation, nous avons tous les deux fait des tests et que nous n'avons jamais été infidèles.

MARIE
C'est important la fidélité.

Bernard s'immisce dans le vagin de sa compagne. Il fait des va-et-vient. Au bout de 3/4 d'heure,

Maud : HEIN ???

Marie se laisse aller à la jouissance en chantant L'Avventura *de Stone et Charden.*

FIN.

L'homme parfait selon Maud

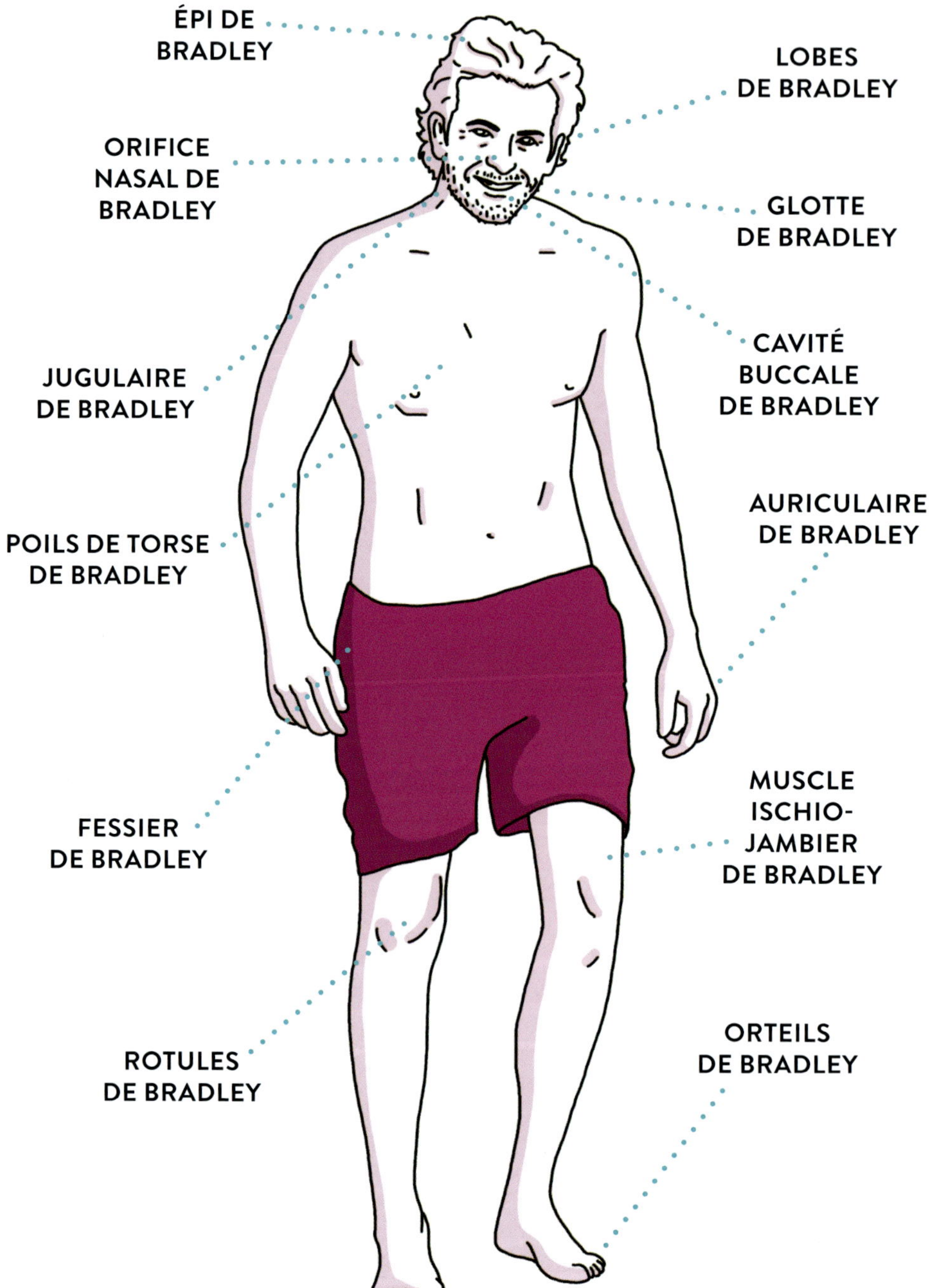

L'homme parfait selon Juliette

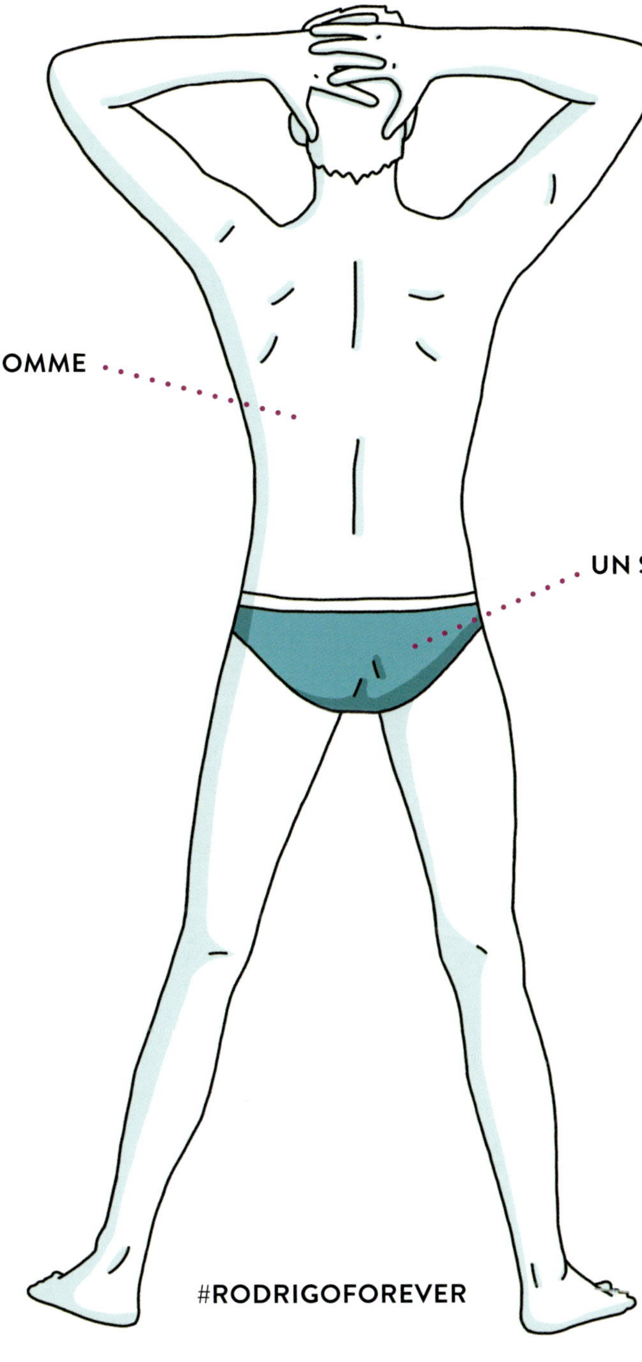

Scénario d'un bon porno vu par Maud

« LE NAIN MOQUEUR ET LES FLAMMES DE L'ENFER »

EXTÉRIEUR JOUR : devant une montagne enflammée de l'Ouest américain

2080. La planète est totalement dévastée. Les astéroïdes, les extraterrestres et la folie des hommes a brisé le peu qu'il restait d'humanité sur Terre. Seul un homme et une femme ont survécu. Ils sont chargés de repeupler la planète.

Juliette : Ah oui, la grosse pression, quoi !

Par chance, ils sont relativement attirés l'un par l'autre. Il faut dire que l'homme ressemble énormément à Bradley Cooper. Quant à la jeune femme, les catastrophes ne semblent pas agir sur elle : elle n'a rien perdu de son teint de porcelaine, de sa blondeur si enviée, de son corps sculpté, de ses…

Juliette : Bref !

Cela fait maintenant huit mois qu'il se nourrissent d'écorces d'arbres morts, de carcasses d'animaux, de galettes de terre et autres semelles de chaussures retrouvées dans les grottes.

ADAM, *de sa grosse voix sexy, en plissant un œil*
Que c'est calme…

MICHELINE
Trop calme…

Adam regarde une énorme cicatrice sur son épaule.

ADAM
Et cette plaie béante qui n'en finit pas de saigner, alors que je ne sens rien parce que je suis vraiment trop fort.

MICHELINE
Je peux te recoudre avec des épines de cactus retrouvées sur le sol en feu.
(Elle glisse les épines sous la peau d'Adam.)
Je ne te fais pas mal ?

ADAM
La douleur n'est rien.

Micheline le regarde amoureusement.

Juliette : C'est pas un peu un pauvre mec, Adam ?

MICHELINE
Tu sais, Adam…

ADAM, *rectifiant*
On dit « Adame ».

MICHELINE
Tu sais, Adame, il serait peut-être temps de repeupler la planète. Sans nous, l'humanité sera définitivement perdue.

ADAM
C'est vrai. Et je dois bien avouer que ton corps tonifié à force de courir pour échapper aux soldats de l'Empire contre-attaque m'attire inexorablement.

MICHELINE, *timide*
Oh Adame… Tu n'es pas mal non plus…

ADAM
Pas mal ??! J'suis carrément canon, oui !

Juliette : Mais comment elle peut désirer un pauvre type pareil !

Maud : Je te rappelle que Micheline est toute seule sur Terre et qu'il est très sexy !

ADAM
Je vais enlever mon tee-shirt langoureusement, en huit temps, afin de t'émoustiller. Ainsi tu pourras regarder mes plaquettes de chocolat, mes pec bombés et mes biceps saillants.

Adam se dénude. Micheline se sent toute chose. Adam prend le visage de Micheline tendrement entre ses mains. Il approche doucement ses lèvres de celles de la jeune femme.

Juliette : Il est où le nain moqueur dans l'histoire ?

Maud : Patience !

Soudain, Adam s'arrête et regarde au-dessus de la tête de Micheline.

ADAM
Mich', ne te retourne surtout pas.

MICHELINE
Que se passe-t-il ?

ADAM, *à voix basse*
Il y a un nain moqueur juste derrière toi.

MICHELINE, *inquiète*
Oh mon Dieu, qu'allons-nous faire ?

ADAM
Ne t'en fais pas, j'ai ma botte secrète.

Adam sort une botte de son pagne et la lance en direction du nain. Le nain explose.

MICHELINE
Adame, tu as toujours plus d'un tour dans ton sac !

ADAM
Et dans mon slip !

Adam retire son pagne, allonge Micheline sur le sol encore chaud et la regarde tendrement.

ADAM
C'est quand même dommage que tu t'appelles Micheline… Tant pis, on va faire avec !

Il l'embrasse et lui fait l'amour sauvagement mais respectueusement quand même.

FIN.

Juliette : Finalement, il est quand même bien cet Adam…

Maud : On dit Adame !

Hôtel Le Paraphile

***

Vous aimez les arbres, les chatouilles ou les géants ? Notre hôtel est fait pour vous ! Chez nous, plus besoin de cacher votre préférence sexuelle ! Chacune de nos chambres vous plonge dans l'univers de vos petits travers.

La chambre
Autonepiophilie

Vous qui aimez enfiler une couche-culotte avant chaque rapport, cette chambre est faite pour vous ! Lit à barreaux, gigoteuse, biberon et table à langer n'attendent plus que l'enfant qui sommeille en vous !

× × ×

La chambre
Coulrophilie

La chambre a un gros nez rouge, deux traits sous les yeux, un chapeau qui bouge, un air malicieux… Bref, tout est là pour vous rappeler votre plus gros fantasme : le clown !

× × ×

La chambre
Exobiophilie

Vous qui rêvez de coucher sur Mars, cette chambre rouge vous permettra de réaliser vos plus grands fantasmes avec les petits homme verts. Réservez votre Martien ou Martienne à la réception (sous réserve de disponibilité).

× × ×

La chambre
Mécanophilie

Notre lit Ferrari saura assouvir vos plus grandes envies ! Pot d'échappement, levier de vitesses, accélérateur, tout est là pour une nuit de passion. Attention tout de même à la rupture du frein !

La chambre Macrophilie

Lit de 10 m de long, plafond de 15 m de haut, ou encore baignoire de 5 m de large : tout est aménagé pour accueillir vos ébats fougueux avec votre géant préféré ! Le Géant Vert peut également être réservé pour la chambre exobiophilie.

× × ×

La chambre Ondinisme

À l'entrée de votre chambre, un petit pédiluve satisfera vos plus gros fantasmes, et pour cause, toute l'équipe de l'hôtel s'est mobilisée pour vous offrir la meilleure urine possible !

× × ×

La chambre Knismolagnie

Poil à gratter, plumes et chatouilleurs professionnels seront à votre disposition dans cette chambre ! Choisissez 1, 2 ou 3 zones à chatouiller selon vos envies… Éclats de rire garantis !

× × ×

La chambre Dendrophilie

Pour les amoureux de la nature, un espace vert jonché des arbres parmi les plus rares d'Europe satisfera vos plus grands désirs. Aire spéciale équipée de bûches pour les nécrodendrophiles.

× × ×

La chambre Flatuphilie

À l'écart du bâtiment principal, cette annexe bien isolée vous permettra de vous adonner en toute tranquillité à votre passion secrète : le pet.

Pour toute réservation, n'hésitez pas à nous contacter à l'adresse suivante :
sexualitécréative@gmail.com

Belle…

DANS LES ANNÉES 80-90

Durant les années 80, l'idéal féminin, c'est Elle Macpherson, dite « The Body » : une silhouette athlétique aux fameuses mensurations 90-60-90. Les super models du début des années 90 suivront cet idéal, mais une nouvelle tendance va les détrôner : le culte de la maigreur, Kate Moss en tête.

POINT HISTORICO-SEXO

À la télévision, le nu féminin est banalisé, les émissions en prime time dévoilent facilement l'anatomie féminine. Les talk-shows et émissions de radio parlent de sexualité de manière libérée. C'est l'apogée du Minitel rose. Et le début du cybersex.

Maud : D'ailleurs, quelqu'un a des nouvelles de 3615 Ulla ?

Les moyens de contraception féminins se diversifient. Les lois antihomosexuelles sont abrogées aux États-Unis. En France, le fichage des homosexuels est supprimé. Mais on ne peut malheureusement pas évoquer les années 80 sans penser à la montée du Sida : en 70, on prônait l'amour libre, en 80, on prône le préservatif.

PLACE DE LA FEMME

En 1981, le ministère des Droits des femmes est créé, Yvette Roudy en est la ministre. En 1983, elle fait voter une loi sur l'égalité professionnelle entre les hommes et les femmes, que ce soit au niveau de la discrimination comme du salaire. Bon, y'a encore du boulot ! On s'attelle aussi à féminiser les métiers qui jusqu'alors n'étaient qu'au masculin.

Juliette : On peut dire une pompière, par exemple ?

Maud : Et inversement, un sage-homme ?

En 1984, la femme peut ajouter son patronyme au nom de l'enfant.

PLACE DU POIL

On observe un retour du sourcil plus épais. Pour le reste, on continue à s'épiler.

SECRET DE BEAUTÉ

On le connaît, le maquillage des années 80 : il est chargé, souvent bleu, y compris pour le mascara. On le combine parfois à du rose. Qu'on met aussi sur les joues. Et sur les lèvres. Niveau style, c'est l'époque des épaulettes, des couleurs flashy, des motifs excentriques, des permanentes et aussi de la nuque longue de footballeur !

Juliette : Soyons sincères, la mode années 80 n'a pas fait que des heureux !

Maud : Perso, j'ai un vague souvenir de chaussures de ville avec un jogging.

Dans les années 90, on maquille les lèvres de couleurs sombres. Le teint se fait plus doré, on ne jure bientôt plus que par la « terracotta ». Côté mode, le grunge et le bohème pointent le bout de leur nez !

Juliette : Et les coupes de cheveux années 80, on n'en parle pas ?

Maud : Juliette, laisse ce traumatisme derrière nous, par pitié !!

DÉCRYPTEZ LES *SEXFACES* DE VOTRE PARTENAIRE

La colère

L'extase

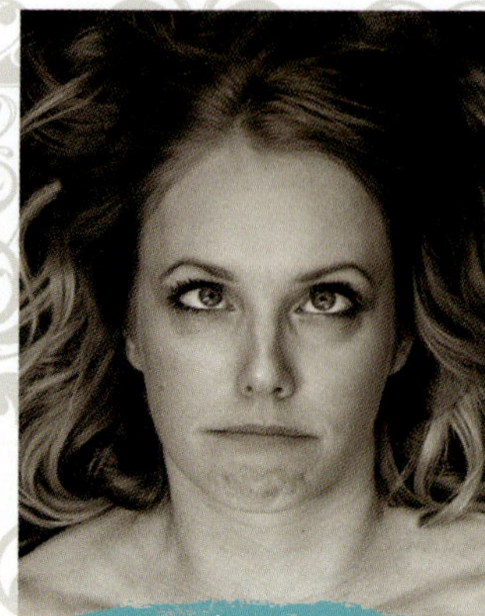
L'ennui

L'Adjani

La gueule de bois

Le sommeil profond

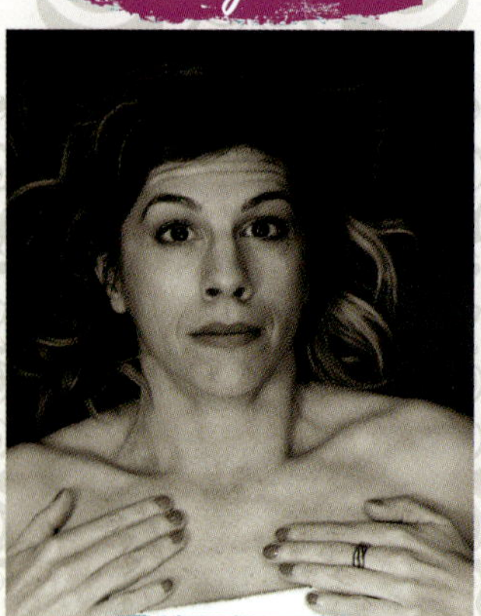
Le décès

La peur

La selfie addiction

Moi, j'ai confiance en mon utérus !
Et les tampons, je m'en tamponne !

VOUS AUSSI, TESTEZ LE FLUX INSTINCTIF LIBRE ET DITES ADIEU AUX PROTECTIONS PÉRIODIQUES !

POUR UN LAVAGE PLUS BLANC…
PARCE QUE BLANC SUR ROUGE,
RIEN NE BOUGE !
TRASH
2 en 1

À VOUS QUI ÊTES CONTRE LA SODOMIE, SAVEZ-VOUS QUE VOUS LA PRATIQUEZ PARFOIS SANS LE SAVOIR ?

Quand vous louez un studio parisien !

Quand vous vous garez à Paris !

Quand vous êtes parisien, en gros !

Quand vous recevez un SMS disant : « Un interlocuteur n'ayant pu vous joindre vous a laissé un message vocal » et que vous rappelez en toute innocence !

Quand votre banque vous appelle en vous demandant si vous êtes actuellement en Australie alors que vous n'avez jamais fait ce retrait de 5 000 € depuis Sydney !

Quand on vous annonce que vous êtes l'heureux gagnant d'un cadeau d'une valeur de 75 000 € et que, pour le recevoir, il suffit d'acheter un service à thé !

Quand on vous fait croire que vous avez gagné 8 000 € par mois juste en répondant à des sondages de chez vous !

Quand vous recevez un mail des impôts avec 36 fautes d'orthographe qui vous propose un remboursement immédiat de 300 € !

Quand vous votez...

Et aussi quand vous votez pas d'ailleurs.

Juliette : STOP ! Mais pourquoi la sodomie est toujours associée à des trucs négatifs, alors que ça peut être vraiment super ?! Moi je propose qu'on fasse les 58 bonnes raisons de pratiquer la sodomie. Alors premièrement...

Maud : C'est tellement dommage d'être arrivées en bas de la page...

TOP 1 DES PLATS À COMMANDER LORS D'UN RENDEZ-VOUS GALANT :

1. *Un verre d'eau.*

DIDIER BADASS, PICK UP ARTIST

Rencontre avec un homme qui se dit expert en séduction grâce à son « piège à poulettes » comme il l'appelle.

Juliette : Je le sens pas, ce Didier...

DIDIER : ***Pour que les poulettes soient accros, j'ai une devise : garder le pouvoir. Pour cela, je pratique la désinvolture et de la dévalorisation.***

Maud : QUOI ?!

VOUS VOULEZ DEVENIR UN ARTISTE DE LA DRAGUE ? SUIVEZ MES CONSEILS !

- ***Proposez, n'invitez jamais***

Au lieu de dire : « Fabienne, je t'invite au resto ce soir ? », dites plutôt : « Ce soir, je me fais un Hippopotamus, si ça te dit, passe me rejoindre ! » Ainsi, vous gardez le contrôle. Plus une fille comprend que sa présence n'est pas obligatoire, plus elle voudra se faire une place dans votre monde.

- ***L'arme ultime : l'art de la confusion***

Déstabilisez votre partenaire en disant par exemple : « Fabienne, c'est tellement chouette que tu ne sois pas terrible, comme ça je peux dormir à tes côtés sans jamais ressentir le moindre désir pour toi ! » Dix minutes plus tard, relancez-la avec un « Je dois bien avouer que tes dessous en coton bio et tes cuisses fermes m'excitent quelque peu... » C'est ce qu'on appelle la technique de la dévalorisation.

Maud : Perso, j'appelle ça la technique du connard.

• La carte du mystère

Pour capter l'attention de votre amie, installez une conversation mystérieuse avec des phrases du type : « Tu sais Fabienne, je te trouve… Comment dire… Tu as quelque chose de… Non, je t'en parlerai plus tard. » Comme pour un épisode de *Games of Thrones*, elle sera tenue en haleine tant qu'elle n'aura pas la suite de la phrase.

• Numclose

Après avoir bien déstabilisé votre adversaire, pardon, votre partenaire, vous n'avez plus qu'à lui sourire, la regarder dans les yeux et prendre une voix digne d'un George Clooney buvant son café pour obtenir son 06.

Juliette : Mais qui donne son 06 à un mec qui dit « what else » ??

• Kissclose

Pour obtenir un baiser, n'hésitez pas à défier votre amie avec un : « Je suis certain que ta copine Rebecca embrasse mieux que toi », ainsi, la poulette orgueilleuse se jettera sur vous pour démentir votre déclaration.

• Fuckclose

Appliquez la technique du défi pour cette ultime étape. La petite phrase : « Je suis sûr que Josiane est un meilleur coup que toi » donnera soudain l'envie à Fabienne de se dépasser car, comme vous le savez, le but ultime de toutes les filles est d'être le meilleur coup de leur groupe d'amies !

• En conclusion

Maud : En conclusion, mieux vaut être seule qu'accompagnée de Didier.

D'AUTRES FAÇONS DE DIRE « SE MASTURBER »

Étymologiquement, le mot « masturbation » découle du terme « manustupration », qui vient de manus*, la main, et de* stupratio*, « l'action de souiller ». Comme on est contre la culpabilité (et la faim dans le monde) on vous propose d'autres expressions.*

SE MAMOURISER

SE TITILLER LA FIGUE

APPUYER SUR DIÈSE

SE PRENDRE POUR DAVID GUETTA

SHAMPOUINER SA MOQUETTE

SE GRATTER LA GUITARE

FAIRE UN TOUR DU CÔTÉ DE CHEZ SOI

SE DÉBALLER LE BERLINGOT

SONNER AUX PORTES DU PARADIS

ESCALADER SON MONT DE VÉNUS

FAIRE SES GAMMES DE DEMOISELLE

SE CHATOUILLER LE NÉNUPHAR

SE BUTINER LE PISTIL

COLONISER URANUS

SE SCRATCHER LE VINYLE

TROUVER L'AIGUILLE DANS SA BOTTE DE FOIN

sexadvisor

Le clou

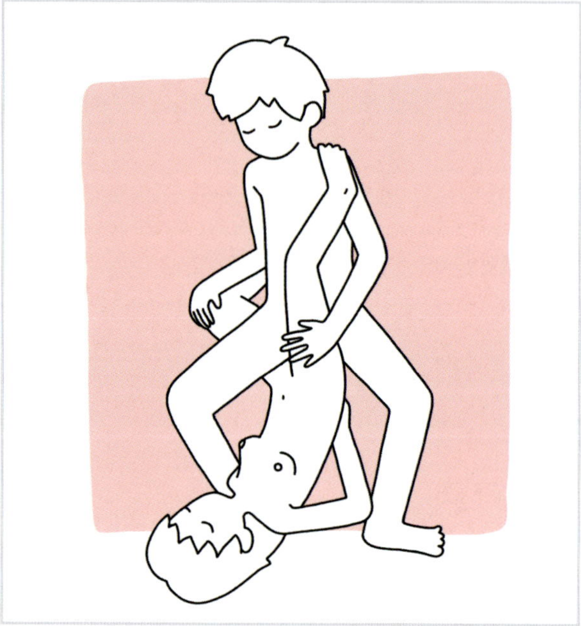

Chantal92

À éviter absolument !

Avec mon mari, on a testé cette position pour nos 40 ans de mariage. Quelle déception ! Moi qui fait un 120 D, j'avais la poitrine qui me tombait directement dans la figure, mes cheveux frottaient sur le nouveau lino de la cuisine et je me suis tapé un bon torticolis !

Keyvan78

À tester !

Avec mon épouse, on a testé cette position pour nos 40 ans de mariage. Quelle belle surprise ! Je me sentais comme Johnny au Parc des Princes, la jambe de ma femme en guise de guitare. J'avais qu'une envie : allumer le feu !

Regis92

Un régal !

J'aime cette position qui me permet d'allier mes deux passions : sexe et sport. Après l'acte, j'ai le cuissot bien ferme comme après 40 squats !

JP.Smet

Je recommande !

Dans cette position, je me sens comme moi-même au Parc des Princes ! Rock'n'roll !

JeanClaudeD.

Grosse arnaque !

Je suis pas fan. Je lui préfère de loin le missionnaire !

Le comité du mauvais goût présente son

CAMPING AU LIBI D'EAU

Vous avez perdu votre libido au fil des années et vous espérez la retrouver ? Bienvenue au camping de Bruno d'Agen !

AU PROGRAMME DE VOTRE BEAU SÉJOUR :

Cours d'aérobite - Mini-golf exceptionnel de 18 trous du cul - Piscine à grosses boules - Pénis de table - Match de frout - Atelier cuisine libertine : *échangez vos meilleures recettes* - Monopolygamie - Pétanque coquine : *tu tires et je pointe* - Cours de flamencul - Et pour les jeunes mariés : *lancer de boukkaquet !*

Le soir, retrouvez nos célèbres apérotiques, karaokéquette, élection de Miss Campine, les one woman shows avec Florence Fourestir et les concerts uniques de l'immense Jean-Jacques Godman !

VENEZ DÉGUSTER DANS NOTRE BARAQUE À FIST !

À VOIR AUX ENVIRONS :
Rivière « La Raie », excursions dans MontCuq, pédalo...

Maud : Attention, des jeux de mots très subtils se sont glissés sur cette page, sauras-tu les retrouver ?

Juliette : J'en compte deux !

Plan d'accès

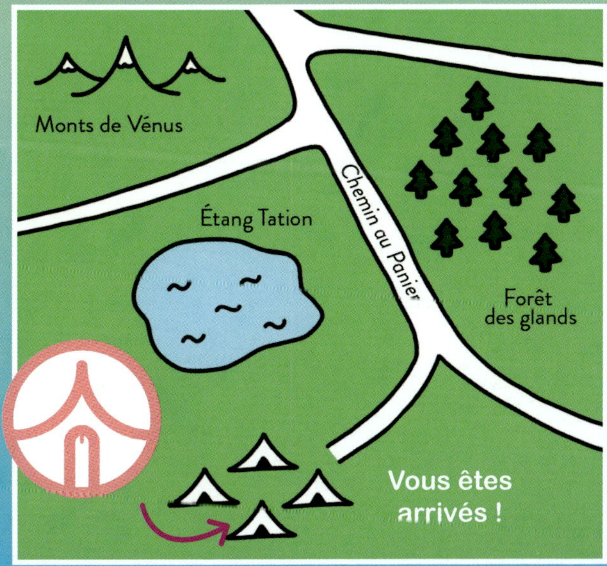

Pression
magazine
Leur enfant est propre depuis ses 10 mois
et parle couramment 4 langues :
Rencontre avec ces parents parfaits !
La bonne tenue pour
une maman jolie
mais correcte !
CHIRURGIE
DES LÈVRES
Pour une vulve
de jeune femme
malgré vos trois
enfants
Beauté
Un corps de rêve
2 jours après
l'accouchement !
Insolite
Des mamans
sortent en soirée
et laissent bébé
au papa !
COMMENT ÊTRE
À LA FOIS ÉPOUSE
ET MAÎTRESSE ?
SCANDALE :
Son premier mot,
c'est « nounou » !
SPÉCIAL PARENTS :
À QUAND LE DEUXIÈME ?
ENQUÊTE
Ces pères au foyer
qui passent à côté
de leur vie
Ils font les courses scolaires
la veille de la rentrée
Interview d'un couple hors norme !
CES MÈRES INDIGNES
QUI N'ALLAITENT PAS

ENQUÊTE EXCLUSIVE :

Que se passe-t-il vraiment dans la chambre des mariés pendant la nuit de noces ?

Chez Ricky et Martine, Calais :
- Martine, je propose que nous dormions tout de suite, il faut qu'on se réveille dans dans trois heures.
- Dans trois heures ???
- Ben oui, tu as oublié le brunch de demain ?
- Mais pourquoi y'a toujours un brunch...
- Je ne te le fais pas dire... Bonne nuit !

Chez Mireille et Matthieu, Cahors :
- Matthieu, je sais pas toi, mais rien qu'à l'idée d'aller faire l'activité « char à voile » demain matin, je suis épuisée...
- T'as raison ! Quelle idée de se marier en bord de mer !

Chez Mélanie et Thierry, Limoges :
- Alors je te préviens Thierry, j'ai tout donné sur la piste de danse, ça m'a pompé une énergie, je suis vidée !
- Et moi, je me suis toujours pas remis de mon enterrement de vie de garçon !
- C'était il y a une semaine Thierry. Et tu as fait accrobranche.

Chez Marc et Jacob, Avignon :
- Je suis désolé mon amour, mais mon petit soldat refuse de se mettre au garde-à-vous ! Ça doit être à cause de toutes ces émotions...
- Émotions ? C'est comme ça que tu appelles les 38 coupes de champagne que tu t'es enfilées ?

Chez Jean-Paul et Gauthier, Niort :
- Jean-Paul, t'es là ?
- Ah non, c'est son papa ! Votre chambre est à l'autre bout du château.
- Eh bien désolé beau-papa, mais je vais dormir là ! J'ai plus de pieds et c'est trop loin !
- C'est pas faux ! Bonne nuit !
- Bonne nuit !
- Bonne nuit aussi !
- Ah pardon, Chantal, je ne vous avais pas vue ! Bonne nuit !

Chez Claude et François, Rouen :
- C'est d'un convenu la nuit de noce !
- Tu as raison ! Ne faisons pas comme tout ces couples et dormons !
Donc comme tous ces couples.

Chez Philippe et Catherine, Saint-Tropez :
- Ma chérie, tu sais que je trouve ta robe magnifique, mais je suis désespéré à l'idée de chercher ton vagin sous les couches de meringue ! Tu ne m'en veux pas ?
- Silence, Philippe, je dors...

Chez Chantal et Thomas, Metz :
- J'ai une de ces envies de dormir moi ! Le Jacques, il m'a épuisé !
- Le Jack Daniel's, tu veux dire ?

Chez Patrick et Sébastien, Clermont :
- Patrick, j'annonce : si je bouge, je vomis la pièce montée !
- Je ne te le fais pas dire ! Bonne nuit !

Les chansons pour enfants décryptées

Votre enfant vous demande à longueur de journée : « Maman, comment on fait les bébés ? » Normal qu'il s'y intéresse, car depuis son plus jeune âge vous lui chantez sans cesse, et en tout bien tout honneur, des chansons avec des petits messages à double sens ! Comme à l'époque il était interdit de parler ouvertement de ces sujets, le seul moyen de s'exprimer librement était par métaphores chantées... En voici quelques-unes :

Il court, il court le furet

SENS PREMIER : C'est un petit animal appelé le furet qui court par-ci, par-là dans un joli bois.

SENS CACHÉ : Nous avons devant nous une jolie contrepètrie très poétique : *« Il fourre, il fourre, le curé Dubois. »* Il semblerait que cette chanson soit une attaque envers le cardinal Guillaume Dubois, ministre de l'État, sous la régence du duc Philippe d'Orléans. Rien que ça !

À la pêche aux moules

SENS PREMIER : Une fille demande à sa maman de ne plus se rendre à la pêche aux moules organisée par la municipalité. Les gens de la ville lui ont piqué son panier. Super sympas ces villageois !

SENS CACHÉ : Alors là, c'est clairement explicite ! L'endroit est carrément un piège à filles où elles se font passer dessus. Sont-elles consentantes ? Apparemment non, puisqu'elles refusent d'y retourner. Pire : la maman est au courant, c'est même comme ça qu'elle est tombée enceinte, les paroles nous disent : *« T'y allais aussi maman... Et je suis là maintenant. »* N'hésitez pas à relire ces paroles au regard de cette interprétation ! Un vrai régal !

Au clair de la lune

SENS PREMIER : Donc c'est un mec qui ne peut plus travailler chez lui, car il y voit que dalle. Normal, c'est la nuit ! Et comme EDF n'existe pas encore, il galère.

Il va donc demander à son poteau Pierrot s'il a de la lumière. Pierrot, déjà couché (parce que demain, grosse journée en prévision), lui suggère d'aller chez la voisine, dont la cuisine est allumée. L'homme frappe chez sa voisine qui le laisse entrer, et la porte se referme sur eux.

SENS CACHÉ : Le feu est synonyme de passion, d'ardeur sexuelle. Battre le briquet, comme le fait sa voisine, signifie d'ailleurs « faire l'amour ».

De plus, la plume et la chandelle sont des symboles phalliques : le mec a visiblement des problèmes d'érection de la plume et de la chandelle. Nous avons plusieurs fois des références explicites *« pour le Dieu amour »*, autrement dit, Dieu du sexe, si on pousse le bouchon un peu plus loin ! Enfin *« lubin »* signifie moine lubrique !

Juliette : Et la Lune, on en parle ?

Maud : Non, ça c'est juste pour dire que c'est la nuit...

Ce qui nous donne : un moine lubrique est en manque de sexe. Pour retrouver un peu de piment dans sa vie, il va d'abord chez Pierrot (le gars tente) puis chez sa voisine, qui a apparemment pour habitude de faire l'amour dans sa cuisine !

Nous n'irons plus au bois

SENS PREMIER : Chanson créée par Madame de Pompadour pour les enfants d'un village. Il est apparemment question de danser et de sauter.

SENS COQUIN : La chanson fait en réalité référence à l'interdiction des maisons de prostitution sous le règne de Louis XIV. D'ailleurs, au-dessus de la porte de ces maisons, il y avait une branche de laurier, d'où le début de la chanson : « *Nous n'irons plus aux bois, les lauriers sont coupés.* » Bon, vu les paroles, c'est pas la chanson la plus discrète ! D'autres disent que cette chanson parlent des jeunes femmes forcées à épouser un homme plus âgé, comme le voulaient les mariages arrangés de l'époque. Quoi qu'il en soit, il y a bien un sens caché !

Savez-vous planter les choux

SENS PREMIER : Il s'agit visiblement de gens qui font de la plantation de choux, et qui demandent au reste de la population si elle sait planter les choux à leur mode à eux…

SENS CACHÉ : Il paraîtrait qu'il s'agisse en fait d'une métaphore de la procréation, du coup il est assez difficile de chanter cette chanson tout en la mimant sans penser au sens caché (avec la main ou le doigt, passe encore, avec la tête...)

Le Tirelipimpon de Carlos

Cette chanson parle clairement de cul ! *« Touche mes castagnettes, moi je touche tes ananas »*... Ça y est, vous l'avez ?

Maud : Je pense pas que Tirelipimpon soit une chanson pour enfants...

Juliette : Si si, ça passait au Club Dorothée !

Maud : Ah, les années 90...

LE POINT G… ÉO

Maud : Très élégant, ce titre…

INSOLITE :
Avez-vous remarqué que le PIB d'un pays n'a aucun lien avec son nombre de rapports sexuels annuels ?

Juliette : En même temps, il caille tellement, c'est un bon moyen de se réchauffer !

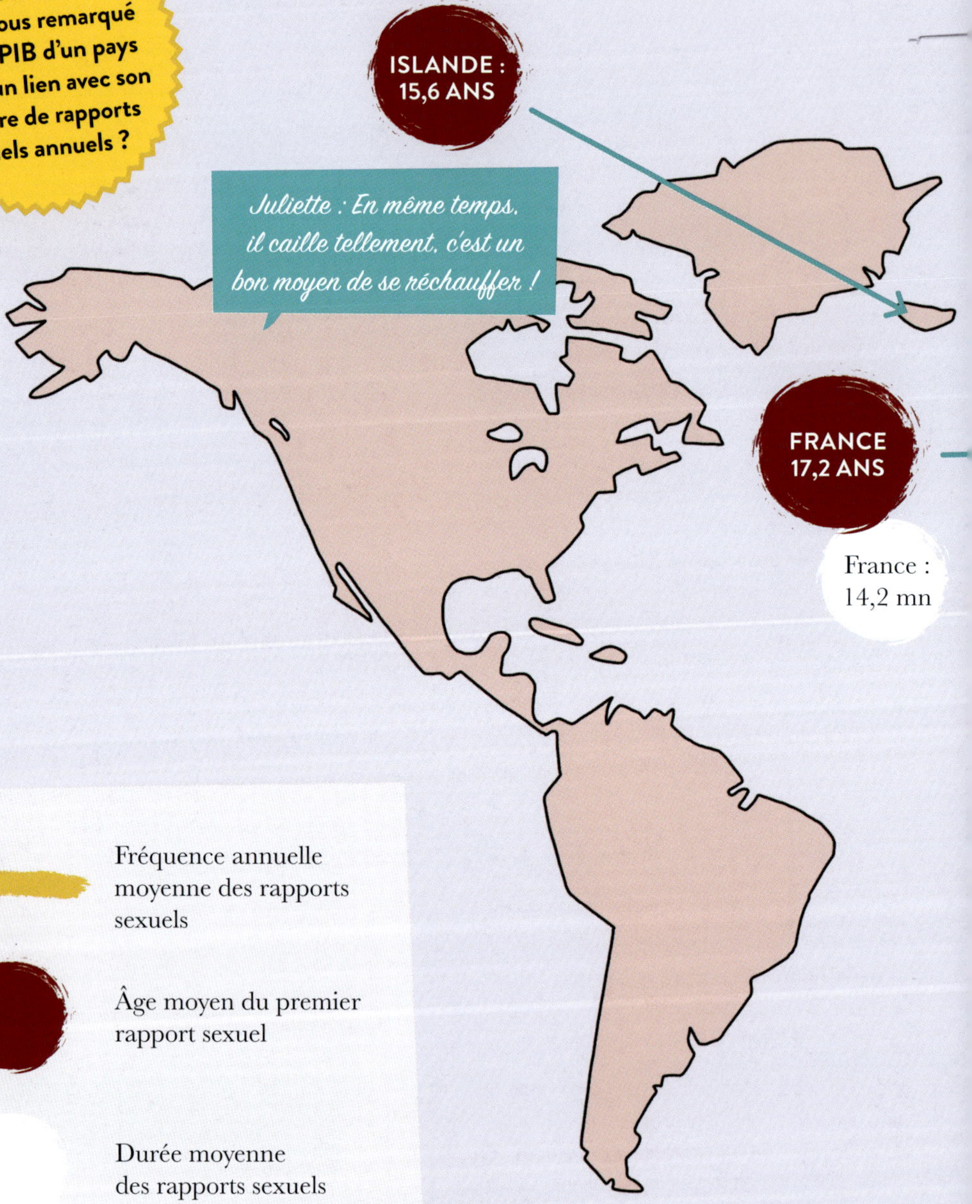

Fréquence annuelle moyenne des rapports sexuels

Âge moyen du premier rapport sexuel

Durée moyenne des rapports sexuels

LE SAVIEZ-VOUS ? La durée moyenne mondiale d'un rapport sexuel est de... 15 minutes.

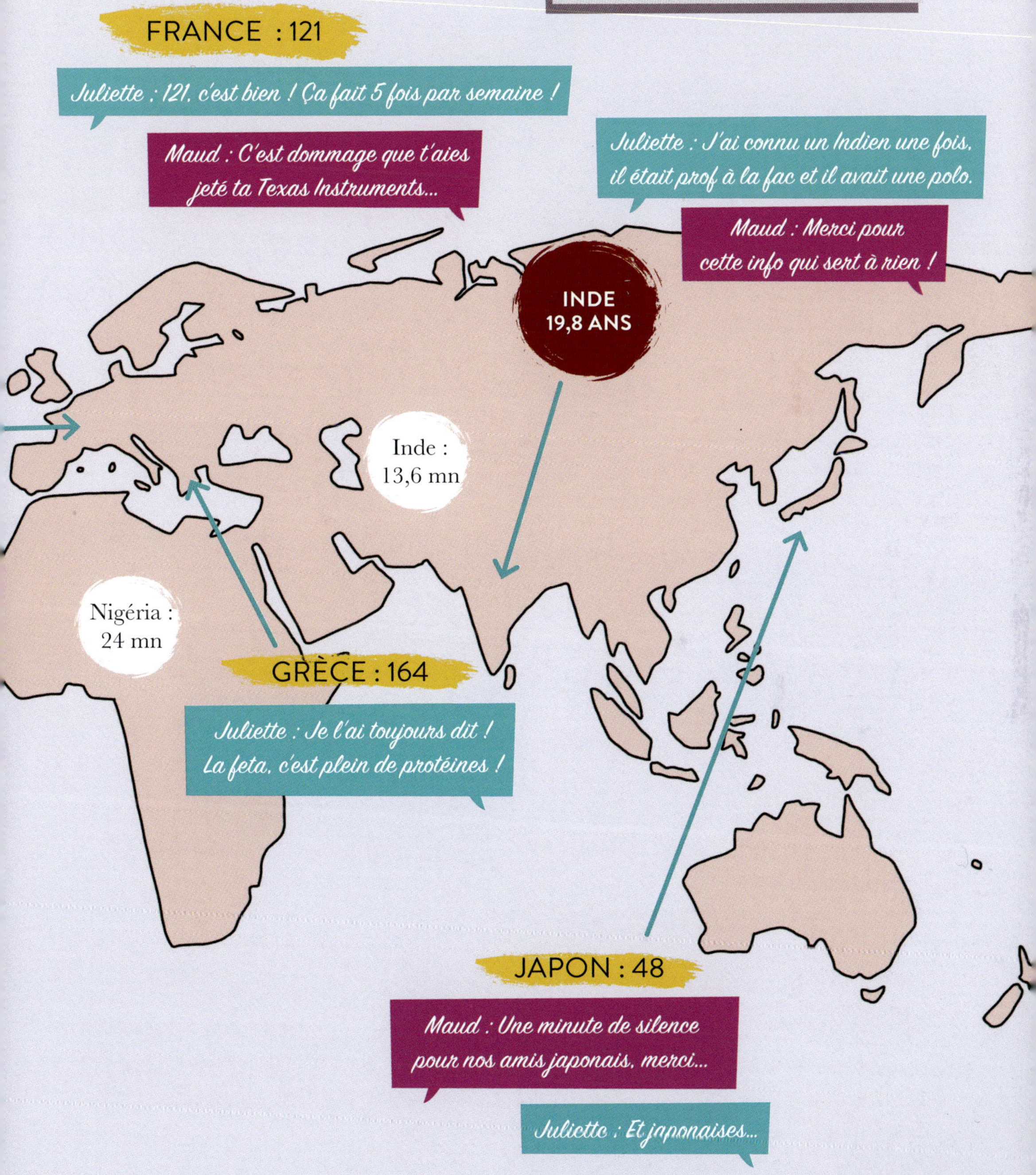

SI ON PARLE DU MARIAGE DE LOUIS XIV, PARLONS AUSSI DE L'HOMOSEXUALITÉ DE SON FRÈRE

Juliette : Oui, parce qu'on n'en parle jamais dans les livres d'Histoire ! Alors que les maîtresses du bon Louis, on les connait par coeur !

SAPPHO (6 000 av. J.-C.)

C'est une poétesse ayant vécu sur l'île de Lesbos (d'où le terme « lesbienne ») qui a donné son nom à l'homosexualité féminine : le saphisme.

Maud : Sappho son pesant d'or, cette information ! (On aime l'humour)

JULES CÉSAR (100-44 av. J.-C.)

Bisexuel, Jules César était surnommé « *le mari de toutes les femmes et la femme de tous les maris* ». Ses relations homosexuelles avec Nicomède, roi de Bithynie, l'ont poursuivi toute sa vie. Lors de son triomphe, ses soldats chantaient : « *César a soumis la Gaule, Nicomède a soumis César.* » Ça sent la jalousie, parce qu'il s'est quand même tapé Cléopâtre !

Juliette : Cléopâtre qui a donné son nom à une colle...

ALEXANDRE LE GRAND (356-323 av. J.-C.)

Roi de Macédoine...

Maud : Macédoine, qui a donné son nom à la macédoine.

... Il est l'un des plus grands conquérants de l'histoire. À cette époque, guerrier et homosexuel ne sont pas du tout incompatibles. Le petit Alexandre le Grand est resté très proche toute sa vie de son amour d'enfance, Héphaestion, qui, il faut bien le dire, n'avait pas un prénom facile.

LÉONARD DE VINCI (1452-1519)

Les scientifiques s'accordent à reconnaître la bisexualité de notre Léo. Faut dire qu'il était souvent entouré de jeunes hommes. On se souviendra de ses inventions plutôt que de sa vie sexuelle.

Juliette : Ah, c'est le même qui a inventé les parkings ?

RICHARD Ier CŒUR DE LION (1157-1199)

Ce roi d'Angleterre était très très très proche de Philippe Auguste, roi de France et ami d'enfance.

LOUIS XIII (1601-1643)

C'est connu, Louis XIII a eu pas mal de « favoris » (masculins, donc) qui, selon le Vénitien Morosini, étaient là *non pour les affaires de l'État, mais pour la chasse et les inclinations particulières du roi.* Mais rien n'indique que ces relations aient été charnelles.

Maud : Phrase classe pour dire qu'on sait pas s'il a couché avec.

PHILIPPE D'ORLÉANS, dit MONSIEUR (1640-1701)

Le frère du roi Louis XIV avait plusieurs favoris, le plus connu étant le Chevalier de Lorraine, qu'on disait beau comme un ange, mais dénué de tout sens moral ! Son frère acceptait ses relations, mais l'a quand même marié deux fois de force. On déconne pas au royaume de France.

FRÉDÉRIC CHOPIN (1810-1849)

Le pianiste a beau avoir été marié à Constance, sa muse, et avoir eu une relation avec George Sand, son amour de toujours reste un dénommé Tytus, à qui il écrit : *Je raconte au piano ce qu'il m'arrive de te confier. Mon véritable amour est malheureusement impossible à déclarer : je t'aime à la folie, j'aimerais te dorloter et l'être par toi. Reçois mes plus sincères étreintes, car je n'ai que toi.* C'est beau…

Et aujourd'hui on s'envoie par texto un vulgaire « Jtm »

MARCEL PROUST (1871-1922)

Il écrit sur l'homosexualité mais ne reconnaîtra jamais la sienne. Si bien qu'en février 1897 il provoque en duel Jean Lorrain, critique littéraire, pour avoir évoqué sa relation avec Lucien Daudet, le fils d'Alphonse. Fort heureusement, personne ne fut tué !

COLETTE (1873-1954)

Colette accordait une place importante à la bisexualité, aussi bien dans sa vie artistique que personnelle. Elle a d'ailleurs causé un énorme scandale en embrassant la marquise de Belbeuf, sa compagne de l'époque, sur la scène du Moulin-Rouge. Le préfet de police est même intervenu.

Maud : Et qu'est-ce qu'il a dit, le préfet ? « Lâchez cette Belbeuf » ?

ALAN TURING (1912-1954)

Ce génie de l'informatique découvre les codes secrets nazis durant la Seconde Guerre mondiale et sauve des milliers de vies. Mais il est finalement condamné en 1952 à cause de son homosexualité ! Il doit choisir entre incarcération et castration chimique.

Maud : Moi j'ai déjà du mal à choisir entre un tiramisu et une mousse au chocolat…

LE SAVIEZ-VOUS ?

L'organisation mondiale de la santé supprime en 1990 l'homosexualité de la liste des maladies mentales.

Juliette : Les gars prennent leur temps !

P-S : En parlant d'absence dans les manuels scolaires, ce serait bien que tous mentionnent le clitoris lorsqu'ils décrivent l'appareil génital féminin et qu'ils le dessinent correctement. Merci. Bisous.

Belle...

Aujourd'hui

Malgré l'arrivée des femmes rondes dans les publicités, les diktats de la beauté font encore pression. On réserve néanmoins un accueil chaleureux au retour du corps pulpeux !

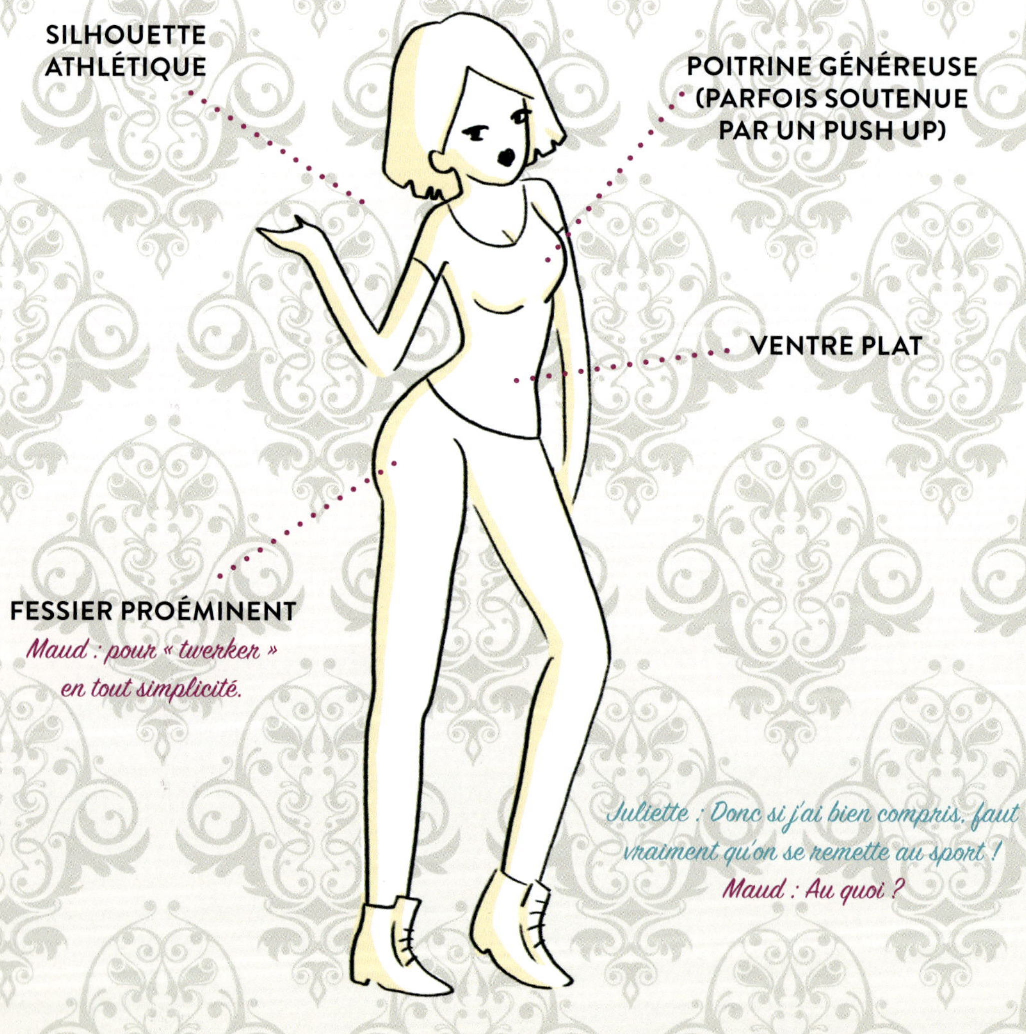

POINT HISTORICO-SEXO

Fini les VHS piquée dans l'armoire secrète de papa, fini les revues coquines, fini les premiers samedis du mois sur Canal+, désormais le porno est en libre accès sur Internet (attention, y'a quand même un bouton « + de 18 ans » à cliquer !) Dans les médias, on parle bizarrement moins librement de sexualité. Contrairement à ce qu'on pourrait croire, l'âge du premier rapport sexuel n'a pas tellement évolué. Alors que, pendant des siècles, le plaisir de la femme était secondaire voire nié, on constate aujourd'hui que la satisfaction des deux partenaires est au centre d'une sexualité épanouie !

Maud : Et du coup, les hommes se mettent une pression d'enfer !

PLACE DE LA FEMME

La femme d'aujourd'hui peut avoir une vie de famille épanouie tout en menant une belle carrière professionnelle.

Juliette : Même si le reproche type « mère indigne » n'est jamais très loin !

On observe encore un sexisme ordinaire ambiant. Les femmes à haut poste restent minoritaires, les salaires sont inégaux, et le taux de chômage des femmes est bien supérieur à celui des hommes.

Maud : Et les blagues misogynes sont toujours aussi pourries !

Juliette : Et on juge encore les femmes qui parlent de sexe !

Maud : Je vois pas de qui tu parles...

PLACE DU POIL

L'épilation est assez partagée entre celles qui s'épilent intégralement et celles qui décident de laisser leur poil libre. Il existe même des teintures !

SECRET DE BEAUTÉ

Certaines ne jurent que par le naturel avec la grande mode du nude, d'autres au contraire jouent avec les effets d'optique du conturing pour se sentir encore plus belles.

Maud : L'important, c'est d'être à l'aise !

Juliette : L'important, c'est d'aimer !

Les styles vestimentaires sont assez variés : le rétro, le working girl, le rock ou encore le romantisme sont toujours tendance.

Pour être au top, on utilise des push-up, on enfile des culottes renforcées pour un aspect bombé, on n'hésite pas à passer à la gaine pour un corps zéro bourrelets, certaines ont même recours à la chirurgie esthétique.

Le temps passe et les femmes ressentent toujours la même pression pour correspondre à un idéal féminin. Espérons qu'un jour l'idéal sera d'être bien dans ses baskets.

Juliette : Ou dans ses talons !

sexadvisor

La trêve ◉◉◉○○

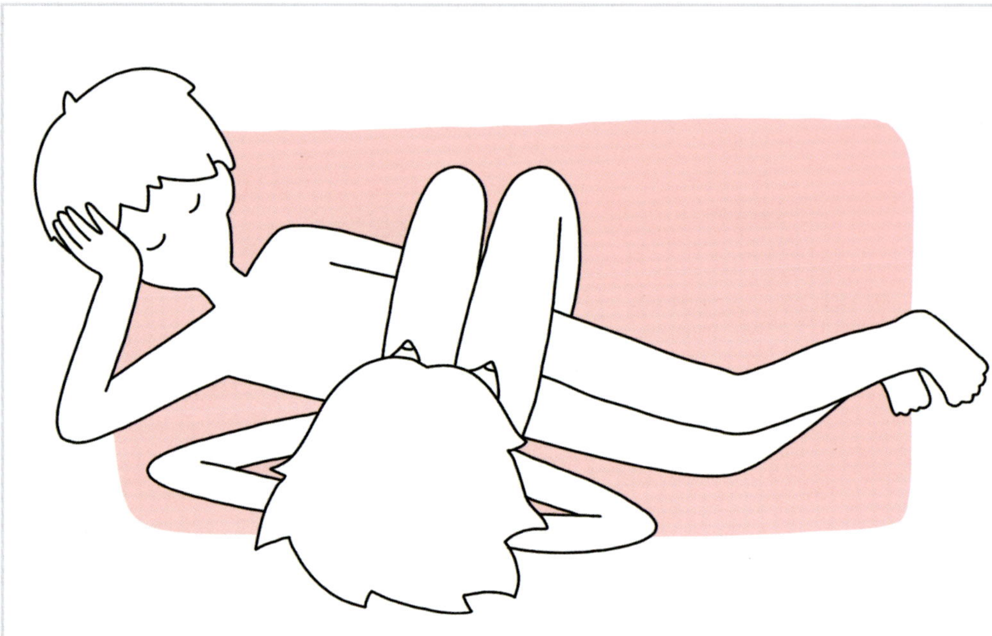

Maeva.T

Un agréable moment !

◉◉◉◉○

Après ma formation aux Beaux-Arts, je suis devenue très sensible à la poésie des corps. J'adore cette position car elle me fait penser au sublime *Déjeuner sur l'herbe* d'Édouard Manet. Par contre, côté plaisir, on repassera…

JeanClaudeD.

Grosse arnaque

◉○○○○

Cette position est un presque, il suffit de se recaler et on se retrouve en missionnaire.

Alain78

Jamais déçu !

◉◉◉◉◉

Avocat à la cour, ma femme étant CEO d'une entreprise de cosmétique génitale, c'est une position très pratique pour nous qui sommes assez pris par nos carrières respectives : cela nous permet de copuler tout en racontant nos semaines chargées !

La cravate du notaire

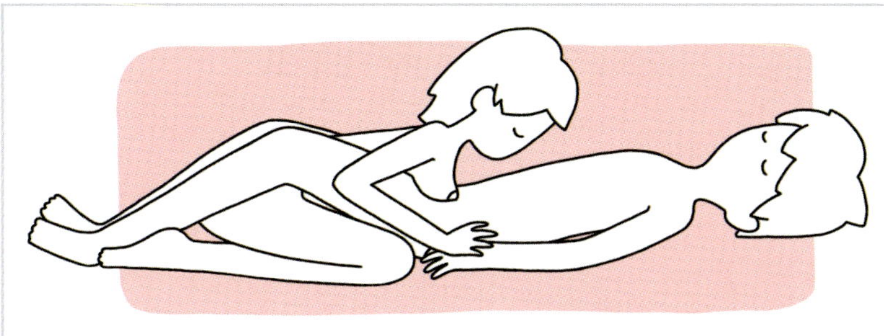

Emilie.L

Un bon choix à prix abordable !

Personnellement, j'avais la flemme de m'esquinter pendant que lui était allongé tranquillou bilou, j'ai pris deux mozza au Monop' d'en bas, il n'y a vu que du feu !

Pamela.A

Yeah !

My favorite !

J.Birkin

Shocking !

Moi je ne me sens pas du tout concernée par cette pratique !

JeanClaudeD.

Grosse arnaque

Cela dit, suivie d'un bon missionnaire, ça peut être très sympa !

Le missionnaire

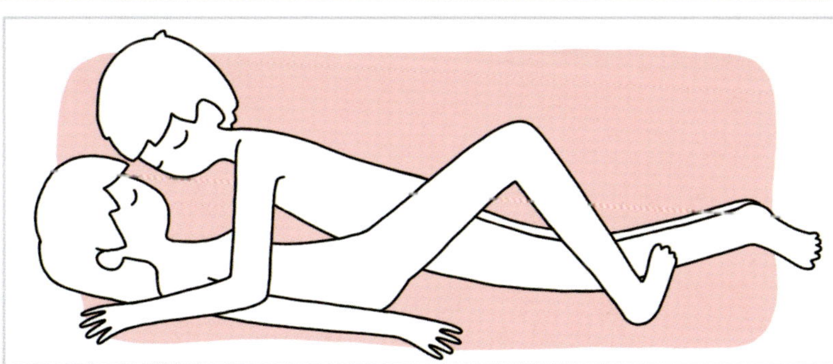

JeanClaudeD.

Inoubliable !

Alors, pour ma part, c'est une position dans laquelle je me sens particulièrement bien.

SAV du fruit défendu

Notre désir ? Votre plaisir !

J'ai fait l'acquisition d'un modèle avec option « plaisir mutuel et partagé » que je n'ai pas retrouvé dans ma commande. Même si j'ai déjà consommé, est-il possible de procéder tout de même à un échange ?

Toutes nos excuses, il doit effectivement y avoir une erreur de programmation puisque cette option est normalement intégrée à tous nos modèles.

J'ai acheté un modèle il y a trente ans, et malgré mon attachement, je ne suis plus satisfaite de ses services. Est-il possible de me renvoyer un modèle plus récent ?

Il n'est malheureusement pas possible d'obtenir un modèle plus récent à moins que votre modèle actuel refuse catégoriquement de fonctionner. De votre côté, avez-vous essayé de le rallumer ?

J'ai beau lire le mode d'emploi en long, en large et en travers, je ne comprends pas comment activer le point G sur vos modèles. Est-il possible d'en obtenir un sans ?

Bonjour, il n'existe pas de modèle sans point G. Toutefois, nous vous conseillons de passer dans un de nos *Genius Barre* afin de vous inscrire à un atelier de formation.

Mon modèle est récemment tombé en panne. Dois-je m'attendre à ce que ce désagrément survienne à nouveau ?

Une panne peut subvenir sur n'importe quel modèle, cela ne doit pas vous inquiéter. Merci de nous contacter si les pannes deviennent plus fréquentes.

J'ai récemment craqué pour votre modèle turbo. Je suis satisfaite mais j'aimerais savoir s'il existe une option « douceur » pour varier les plaisirs ?

Bonjour, bien sûr, il suffit de lui communiquer vos envies.

Bonjour, vous m'aviez conseillé une garantie de deux ans. Mais après six mois d'utilisation, je n'arrive déjà plus à allumer mon modèle. Est-ce normal ?

Bonjour, non ce n'est pas normal. Peut-être que l'anomalie ne vient pas du modèle. Il est possible, en effet, qu'il y ait simplement incompatibilité avec votre matériel.

Je ne suis pas satisfaite de vos services. En effet, j'ai fait l'acquisition d'un de vos modèles récemment et il est spécifié dans votre mode d'emploi que l'acte durerait au minimum sept minutes, or, dès la première utilisation, il s'est arrêté au bout de trois minutes. Que pouvez-vous faire pour y remédier ?

Il arrive parfois que nos modèles ne soient pas efficaces pour des raisons tout à fait honorables. Avez-vous pensé à le tester à nouveau ? Il est possible qu'un nouvel essai vous fasse changer d'avis.

Bonjour, sauf erreur de ma part, j'ai l'impression que le bouton « démo » de votre modèle est constamment enclenché. En effet, au moindre de mes mouvements, la simulation se met en route. Pouvez-vous y remédier ?

Il doit effectivement y avoir une défaillance dans le système, nous accordons une attention particulière à la sincérité de nos produits, afin de ne pas décevoir notre clientèle.

Il y a quelque temps, j'ai revendu mon modèle pour tester d'autres produits mais je regrette ma décision. Est-il possible de reprendre le modèle original ?

Nous sommes navrés que votre décision ne vous satisfasse pas, malheureusement votre modèle original n'est plus disponible.

Bonjour, il me semble que votre modèle n'a été programmé que pour une seule zone érogène, puis-je l'échanger contre la gamme au-dessus ?

Bien sûr, mais avez-vous d'abord pensé à faire une mise à jour ?

Pour plus de renseignements, n'hésitez pas à nous joindre sur notre hotline !

Analyse sexuelle des contes de fées

Peau d'Âne

Il était une fois une reine qui, avant de mourir, fait promettre à son mari de n'épouser qu'une femme plus belle qu'elle. Sauf que la seule répondant à ce critère est sa fille. Pas grave, le roi la demande en mariage. Pour échapper à cette union, et sur les conseils de sa marraine la fée qui semble plus futefute que le roi, la princesse demande à son père des robes irréalisables. Mais ce dernier, blindé, parvient toujours à les lui offrir. En dernière tentative, la marraine a l'idée de demander la peau de l'âne qui fait caca des écus d'or et, par là même, la richesse du roi. Super pressé d'épouser sa fille, le roi s'exécute. À court d'arguments, la princesse (qui n'a apparemment pas de prénom) s'enfuit du château revêtue de la peau de l'âne, et part se cacher dans le village où elle est embauchée comme souillon. Les villageois, qui ne reconnaissent pas la princesse, ne sont pas tendres avec elle : ils la rebaptisent Peau d'Âne (d'où le nom du conte, pour les 2-3 qu'avaient pas compris !)

La princesse a tout de même emporté avec elle une de ses plus belles robes qu'elle met le dimanche. Un jour, le prince d'un royaume voisin découvre par un trou de serrure (ouh le coquin) Peau d'Âne, habillée avec ses parures. Fou d'amour pour elle, il demande alors qu'elle lui fasse un gâteau, seule chose qu'il acceptera de manger. En faisant la galette, Peau d'Âne laisse tomber sa bague dans la pâte. Le prince, qui manque de s'étouffer en mangeant son cake, demande que toutes les femmes et demoiselles du pays viennent essayer la bague. Il épousera la propriétaire. Aucune ne peut passer la bague sauf Peau d'Âne, qui en fait, est belle gosse. Le prince peut alors l'épouser.

L'avis de l'expert

Peau d'Âne permet d'expliquer aux enfants l'inceste, et surtout de leur donner du discernement : on aime ses parents, mais on ne les épouse pas !

L'avis de Maud

Donc en fait, entre une reine complètement égocentrique qui veut bien que son mec épouse une fille mais seulement si elle est plus belle qu'elle, et le roi incestueux, on est dans le royaume le plus glauque du monde…

L'avis de Juliette

Et le pire, dans toute cette histoire, c'est le manque de capacité physionomique des villageois ! Genre ils la reconnaissent pas, juste parce qu'elle porte pas une belle robe ?! Alors que moi, tout le monde me reconnaît dans la rue sans ma blouse !

Maud : Non, pas tout le monde, Juliette…

Juliette : Bon, d'accord… Mes parents me reconnaissent dans la rue…

Analyse sexuelle des contes de fées

Cendrillon

Il était une fois une reine (pour changer…) qui mourut (elle aussi ?!) en laissant derrière elle son mari et sa petite fille. Le mari se remaria une femme méchante qui avaient deux gamines pestes et jalouses de la petite fille. À la mort du papa, la petite fille se retrouva sous les ordres de sa vilaine marâtre et devint servante dans sa propre maison. Dormant près de la cheminée et salie par les cendres, elle fut surnommée « Cendrillon ». Et le temps passa.

Un jour, le roi organisa un bal pour que son fils le prince trouve une fiancée. Toutes les filles à marier étaient conviées, y compris Cendrillon qui, grâce à sa marraine la bonne fée, troqua ses guenilles contre une super belle robe qui redeviendrait guenille à minuit. Au bal, le prince tomba immédiatement sous le charme de Cendrillon. Mais minuit sonna et Cendrillon s'enfuit en perdant sa chaussure. Le prince retrouva la chaussure : il était décidé à épouser celle qui rentrerait dans la godasse. Il la fit essayer à toutes les jeunes filles du royaume. Malgré les manigances de sa belle-mère, Cendrillon arriva à essayer la godasse et la chaussa tranquillou. Le prince la reconnut (enfin) et l'épousa.

L'avis de l'expert

Focalisons-nous sur la signification de la pantoufle : elle ne serait autre que la représentation du vagin. La perte de la chaussure nous renvoie à la perte de la virginité. D'ailleurs, ne dit-on pas « trouver chaussure à son pied », expression qui évoque le couple ?

L'avis de Juliette

Donc si j'ai bien compris, ça sous-entend que le prince s'est tapé la totalité du royaume avant de retrouver Cendrillon ? Bonjour les IST !

L'avis de Maud

Et qu'est-ce qui nous dit que TOUTES les jeunes filles du royaume ont essayé la godasse ? Y'en a peut-être une qui s'est dit : « Non, moi, je préfère Bernard, le fils du palefrenier. » Faut absolument que le mec soit riche pour que toutes les filles accourent ??

Juliette : Et puis visiblement t'as intérêt à faire chauffer la carte bleue si tu veux être remarquée ! Elle coûte combien, en vrai, sa robe ?

Maud : En gros, dans les contes, soit t'es belle gosse, soit t'es mal barrée !

Analyse sexuelle des contes de fées

Blanche-Neige

Il était une fois une reine (encore ?!) qui cousait tranquillement tout en se désolant de ne pas avoir encore d'enfant. Elle se piqua le doigt : trois gouttes de sang tombèrent dans la neige. En voyant cela, elle se dit qu'elle aimerait avoir un enfant blanc comme la neige, rose comme le sang et noir comme l'ébène. Quelque temps plus tard, elle accoucha d'une fille répondant aux critères voulus. Elle l'appella Blanche-Neige. Pas de bol, la reine mourut. Blanche-Neige se retrouva avec son père et une nouvelle belle-mère complètement ouf qui voulait être la plus belle du royaume. Elle apprit de son miroir magique que Blanche-Neige, qui avait bien grandi, était plus belle qu'elle. Elle demanda à un chasseur de lui rapporter son cœur (complètement ouf, on vous a dit). Le chasseur l'épargna. Blanche-Neige se réfugia dans la maisonnette des sept nains qui l'adoptèrent immédiatement. La belle-mère, qui apprit l'existence de Blanche-Neige, la retrouva et, déguisée en sorcière bien flippante, l'empoisonna. Elle revint à la vie grâce au baiser d'un prince. Ils se marièrent et eurent beaucoup d'enfants.

L'avis de l'expert

Blanche-Neige nous raconte la période pubertaire chez les filles. Dès le début de l'histoire, les trois gouttes de sang tombent dans la neige telles les menstruations sur une serviette hygiénique. Ainsi, le blanc, symbole de l'innocence, contraste avec l'aspect sexuel de la couleur rouge. *Blanche-Neige* enseigne aux filles que les saignements sont une étape obligatoire puisque directement liés à la conception. L'éducation de Blanche-Neige s'effectue avec ces nains représentés de manière totalement asexuée. La pomme coincée symbolise le désir étouffé que le prince libère grâce à son baiser.

L'avis de Maud

Et donc personne ne demande à Blanche-Neige si le prince lui plaît ?! D'ailleurs personne n'a dit au prince qu'on n'embrasse pas une fille si elle n'en a pas exprimé l'envie !? Là, elle subit et, en plus, elle se retrouve avec un prince nécrophile !

L'avis de Juliette

Et puis, qui va nous faire croire à l'innocence totale des sept coquins ! Genre ce serait « en tout bien tout honneur » !

Maud : Ils sont peut-être passés dans la friend zone...

Analyse sexuelle des contes de fées

La Belle au Bois dormant

Il était une fois, dans un royaume (comme d'habitude) un roi et une reine qui célébraient le baptême de leur fille, Aurore. Parmi les invités se trouvaient les marraines de la petite fille. Chacune d'entre elles fit alors un don à la princesse : beauté, grâce, belle voix... Quand soudain apparut une vieille fée qui n'avait pas été conviée. Elle lança à la princesse un sort mortel : à 15 ans, Aurore se piquerait le doigt sur un fuseau et en mourrait. Par chance, une dernière fée conjura le mauvais sort en disant qu'elle ne mourrait pas mais tomberait dans un sommeil de cent ans. Il faudrait alors qu'un prince l'embrasse pour la réveiller.
Pour protéger sa fille, le roi fit interdire les fuseaux sous peine de mort. Malheureusement, un jour, la princesse, alors âgée de 15 ans, découvrit dans une chambre éloignée du château une vieille femme, qui, ignorant l'interdiction, était en train de filer. La princesse se piqua et s'endormit aussitôt, ainsi que tous les habitants du château. Au fil du temps, le château ne fut plus que végétation, forêt et ronces.
Cent ans plus tard, un prince découvrit par hasard le château, y pénétra et réveilla la jeune fille d'un doux baiser.

L'avis de l'expert

Le conte s'attache à marquer les différentes étapes de la vie d'une femme : la princesse symbolise l'enfance, la jeunesse et l'adolescence (le sommeil symbolisant le repli sur soi), la reine représente l'âge adulte, la fécondité et la grossesse. La vilaine fée, quant à elle, incarne la vieillesse.

L'avis de Juliette

Blanche-Neige, Aurore... Ça fait quand même beaucoup de princes nécrophiles et qui ne demandent pas l'avis de la princesse ! Lui, il se balade, il voit une fille et il l'embrasse ?! Et qu'est-ce qu'on fait du consentement mutuel ?

L'avis de Maud

Pourquoi il faut systématiquement l'apparition d'un mec pour que les filles sortent de leur vie de merde ? Et je ne parle même pas des dons des fées à la princesse !

J. : Ah si, parlons-en !

M. : Beauté, belle voix, abdos fessiers sympas, bref, que des trucs physiques, par contre, la princesse peut être complètement con, tout le monde s'en fout !

J. : C'est même mieux ! Parce qu'il faudrait pas qu'elle commence à réfléchir ! Ça arrange tout le monde !

L'expert : On se calme, les filles, on se calme !

Et si nous écrivions notre conte de fées ?

Il était une fois Jo, une jeune femme de 30 ans au physique type « fille-d'à-côté » qui vivait non loin du royaume, dans une contrée tout à fait correcte. Elle habitait une petite maison de bois dont elle avait fait la charpente elle-même.

Ses parents, qui étaient toujours vivants, s'inquiétaient un peu quant à son avenir conjugal.

Ils décidèrent d'organiser un bal afin qu'elle rencontre son âme sœur. Mais comme ils n'étaient que de modestes villageois et qu'ils n'avaient pas de rapports privilégiés avec le roi, ils revirent à la baisse leurs exigences et privatisèrent juste l'arrière-boutique de l'auberge « Chez Atchoum ».

Tout le village était convié. Jo, qui n'était pas pressée de rencontrer un chevalier servant et n'aimait pas ce genre de festivités, décida tout de même de s'y rendre. D'abord par respect pour ses parents, qui avaient fait appel à un traiteur picard, et ensuite parce que l'idée de se vider un pichet de cervoise avec son amie Poca, venue d'Amérique pour lui rendre visite, la mettait en joie.

Le soir venu, Jo, malgré son armoire débordant de robes des champs, ne trouvait rien à se mettre. C'est alors que sa marraine frappa à la porte : elle avait ramené à Jo une magnifique robe sur laquelle elle avait laissé l'étiquette pour pouvoir la rendre le lendemain et ainsi se faire rembourser.

Jo, vêtue de sa robe étiquette au vent, chercha un âne libre à une borne de location mais, comme chaque soir de fête, ils étaient déjà tous pris. Elle décida de s'y rendre à pied et regretta d'avoir mis ses sabots aiguilles.

Elle s'engagea dans la forêt sur le chemin qui menait au village, chemin qu'elle connaissait par cœur, contrairement à Blanche-Neige qu'elle croisa en train de s'arracher les cheveux, car perdue dans la forêt depuis plusieurs heures, boussole portable déchargée. Pour la consoler, Jo proposa à Blanche une pomme qu'elle avait toujours dans son sac. Mais Blanche, victime d'un choc posttraumatique, la refusa.

En reprenant sa route, Jo entendit soudain des cris venant de la rivière. Elle s'approcha et vit un homme d'une beauté toute relative en train de se noyer. Ni une ni deux, elle enleva ses sabots et se jeta dans la rivière tout habillée. Elle sortit de l'eau le jeune homme inanimé. C'est alors que Blanche-Neige lui glissa à l'oreille que, selon son expérience perso, seul un baiser le réveillerait. Jo trouva cette technique complètement con, d'autant plus que le jeune homme n'était pas forcément consentant. À la place, elle commença un classique bouche-à-bouche qui ranima le jeune homme. Il se releva, *remercia Jo et tomba immédiatement sous son charme. Le corset mouillé de cette dernière y était pour beaucoup. Le jeune homme lui avoua alors fièrement qu'elle venait de sauver le prince Steve, fils du roi. Jo, très loin du show business royal, ne fut pas spécialement émoustillée par cette information. Pour se remettre de toutes ces émotions, elle proposa au prince Steve d'aller se boire une bonne binouze à la sauterie donnée en son honneur pour trouver un galant homme. Le prince lui déclara alors qu'il était inutile d'aller plus loin : il entama un chant pour lui déclarer sa flamme. Touchée par cette déclaration, Jo refusa malgré tout ses avances mais lui proposa tout de même d'être éventuellement son PCRA. Le prince lui avoua que ça l'arrangeait parce que, ses parents, roi et reine du royaume, n'auraient de toute façon pas approuvé cette union avec une gueuse. Jo demanda tout de même au prince s'il lui était possible de lui rembourser la robe qu'elle ne pourrait plus rendre.*

Le temps passa au village... Un jour, Jo apprit à son PCRA, prince Steve, qu'elle était enceinte. Steve était très heureux de cette nouvelle. Ils se pacsèrent, connurent des hauts et des bas qu'ils réussirent à dépasser grâce à une bonne communication, et eurent peut-être un second enfant.

Belle...

Dans le futur

Ça y est, on peut enfin faire ce qu'on veut et assumer qui on est ! Fini les diktats de la beauté, les pressions familiales ou sociétales ! Il était temps !

POINT HISTORICO-SEXO

Au revoir la peur du jugement et du regard de l'autre ! Aujourd'hui, en matière de sexualité, on est libre ! On s'écoute tout en écoutant l'autre, on se respecte et on respecte l'autre, on communique ! Le consentement mutuel est au cœur de toute relation charnelle. La redéfinition du mot « non » dans le dictionnaire a rappelé à tout le monde que « non » ne veut jamais dire « oui ».

Maud : Même pompette !

La femme a le droit d'être séduisante et désirable ou pas, selon son envie.

PLACE DE LA FEMME

Elle est à présent totalement libre ! Et pour cause, hommes et femmes se sont battus, main dans la main, pour obtenir l'égalité ! Les femmes peuvent faire le métier qu'elles veulent sans craindre les moqueries, avec un salaire égal à travail égal.

Elles ne subissent plus aucun chantage sexuel, peuvent s'habiller comme elles veulent sans avoir peur de quoi que ce soit, de toute façon, le harcèlement de rue c'est de l'histoire ancienne ! Et le sexisme, c'est *has been* ! La loi « Nana » interdit désormais les remarques insultantes comme : Qu'est-ce que t'as ? T'as tes règles ?

Le conditionnement est aussi terminé. Désormais, dès l'enfance, on encourage les petites filles comme les petits garçons à développer leurs propres centres d'intérêt indépendamment de leur sexe. Les jouets sont dégenrés.

PLACE DU POIL

Concernant l'épilation, le mot d'ordre est « choix » : on laisse ses poils si l'envie nous vient, on les rase si on se sent mieux sans, on peut même changer d'avis d'une semaine à l'autre. Pas d'inquiétude, tous les choix sont respectés par autrui ! Qu'est-ce qu'on est mieux sans ces diktats de la beauté !

SECRET DE BEAUTÉ

Par chance, aujourd'hui, la beauté n'est plus forcément associée à la jeunesse ou à la minceur ! La société a enfin reconnu que les femmes rondes, petites ou encore âgées pouvaient être tout aussi belles que les minces, grandes et jeunes. Les magazines engagent des femmes de tous horizons, sans discrimination. Les expressions comme « elle est bien conservée » sont ringardes, et on ne dit plus « elle est belle pour son âge » mais « elle est belle ». Tout comme pour l'épilation, les femmes se maquillent ou pas, selon leur goût et leurs envies.

Maud : Je prie tout de même pour qu'on ne revienne pas à la mode du crayon marron autour des lèvres nacrées !

Juliette : Chut ! On a dit qu'on était libres !

Remerciements

Pour commencer, merci à vous, nos lecteurs et spectateurs, sans qui nous n'aurions pas pu faire ce livre.
À Anne et Thierry Boyer de nous avoir fait confiance dès le début (on a de la chance d'avoir croisé votre route !) ainsi qu'à toute l'équipe de Mixicom.
À Elsa Lafon et Guillaume Talavera de nous avoir contactées et de nous avoir laissé carte blanche pour ce livre, et bien sûr à Michel Lafon !
À Claude Combacau qui a eu la patience d'écouter la moindre de nos ~~conneries~~ idées.
À Chloé Bonnard de nous avoir sublimées avec tant de talent ! (#lesmeufsontlaconfiance)
À Amad Kay de nous avoir cernées jusqu'à la moindre chaussette.
À Paul Lapierre, parce que sans toi, l'émission ne serait pas l'émission !
À Keyvan Khojandi pour tes œufs durs les matins de tournage et ta disponibilité tous les autres jours !
À Karmen Sefer et Anaëlle Trogno pour leurs mains de fées qui nous transforment en princesses !
À toute l'équipe de « Parlons Peu Parlons Cul » de supporter nos exigences, nos fous rires et nos jeux de mots pourris (pardon, Thibault Arbre…)
À tous les guests qui sont venus sur l'émission et à ceux qui viendront.
À Patrick Baud, Lionel Bereni, Nicolas Berno, Jordi Le Bolloc'h, Mélo Coco, Eleonore Costes, Pierre Croce, Martin Darondeau, Raphaël Descraques, Lola Dubini, Sophie Garric, Kemar, Jimmy Labbeu, Anthony Lastella, les L.E.J. (Lucie, Elisa et Juliette), Julien Ménielle, Nicolas Meyrieux, Natoo, Marjorie Le Noan, Audrey Pirault, Sophie Riche, Marion Seclin, François Theurel et Verino d'avoir accepté d'apparaître dans ce livre, vous avez le plus gros second degré du monde.
À Sonia Sireyjol d'avoir analysé notre analyse.
À Câline Trbic, Marion Tarneaud et nos agents de parler de nous dès qu'ils en ont l'occasion.
À Juliette Censi pour ses précieux conseils.
À Marie et Gérard Tresanini de nous avoir permis d'écrire ce livre dans les meilleures conditions possibles #clarbecforever
Et merci à tout ceux qu'on aurait oublié mais qu'on aime aussi !

*Maud : « Tresanini » ?
À mon avis, il y a un lien…*

Maud : Mille mercis...
À Keyvan d'être tellement là.
À mes frères, sans qui je serais sûrement mois drôle... et sans qui la vie aussi serait moins drôle.
À Aurore d'avoir fabriqué les plus beaux neveux du monde (bon, mon frère a participé un peu...)
À mes parents de m'avoir donné l'opportunité de réaliser mes rêves, et puis de m'avoir laissée dormir jusqu'à midi pendant mes années lycées !

Juliette : Tu dors toujours jusqu'à midi...

À ma tante d'avoir toujours répondu présente quand j'en avais besoin, et pour les tartines de beurre avec un verre de lait au miel tous les samedis après-midi.
À mes amis grâce à qui mon appartement ressemblait à une merveilleuse auberge espagnole (clin d'œil à Godiot !)
À papi, mamie et tonton, qui sont partis mais qui ne sont jamais très loin...

Juliette : Maud, c'est pas les Oscars !

Merci au cinéma français, à l'amour, à la vie... (à lire avec la voix de Marion Cotillard)

Juliette : Moi, je remercie tous les gens que j'aime, voilà. Et particulièrement toi. Oui, toi, tu te reconnaîtras ! Non, pas lui là, toi à qui je pense... Oui toi, je sais que tu sais que c'est toi... Merci à toi d'être ce que tu es... à savoir : TOI !

Maud : Je suis sûre que « toi », c'est moi.

CRÉDITS

Direction éditoriale : Guillaume Talavera
Direction artistique : Claude Combacau

PHOTOS

Chloé Bonnard
www.chloe-bonnard.com
@chloebonnardphoto
Paul Lapierre
www.paullapierre.fr

MAKE-UP/COIFFURE

Anaëlle Trogno
@therosefabric
Karmen Sefer
@karmen_sfer

STYLISME

Amad Kay (chez A mad style)
www.amadstyle.com @amadstyle

ILLUSTRATIONS

Claude Combacau
www.claudecombacau.com
p. 88 : Audrey Guyomar

LIEUX

Studio Talent Web
La Cupcakerie de Chloé S.
Laverie SBS

SHUTTERSTOCK

pp. 14-15 : © Ysbrand Cosijn, © Ollyy, © iryna1, © Hrecheniuk Oleksii, © Konstantin Solodkov ; pp. 72-75 : © LiliGraphie ; p. 107 : © sasimoto, © Jiri Hera ; p. 90 : © Suradech Prapairat, © Velishchuk Yevhen ; pp.128 ; 131-132 ; 135 : © Vadim Sadovski

FREEPIK

pp. 1-2, 4-5, 7, 10, 18-20, 22, 28-29, 30, 32, 40-42, 50, 54, 58, 62, 66, 68, 70, 76, 83, 86, 94, 104, 106, 115, 117, 122, 138, 144

PHOTO DE COUVERTURE

Juliette : Robe *Manish Arora* ; collants *Falke* ; chaussures *Zara* **Maud :** Top *Manish Arora* ; chemise *Acquaverde* ; jupe *Koshka Mashka* ; manchettes d'oreille *On Aura Tout Vu* ; chaussettes *Falke* ; chaussures *El Ganso*

RETOUCHE PHOTO

Efi Granklaten

MARQUES & BUREAUX DE PRESSE

Céline Perot - Atelier Fraise au Loup
www.fraiseauloup.com

Dresscode Press (Showroom)
Acquaverde, El Ganso, Koshka Mashka, Modetrotter, Suncoo
www.dresscodepress.com

Eglé Bespoke (Boutique)

Erynn www.erynn.fr

Falke/Burlington (Showroom)
www.falke.com

Maison Causse (Service Presse Chanel Métiers d'Art) www.causse-gantier.fr

Manish Arora (Flagship Paris)
www.manisharora.com

On Aura Tout Vu (Maison de couture)
www.onauratoutvu.tv

CRÉDITS STYLISME

Juliette tenue 2 : Top *Suncoo* ; jupe *Manish Arora* ; Collants *Falke ;* chaussures *Mava (Ali Tollemer)* **Maud tenue 2 :** Blouson *Suncoo* ; top & pantalon *El Ganso*
p. 33 : Robe *On Aura Tout Vu*
p. 45 : Tenue *Primark* (Frédéric Dersigny - Asap Communication)
p. 89 : Veste, pantalon, cravate & pochette *Eglé Bespoke*
p. 107 : Robe *Astrid Bordeloup-Hauschild*
p. 108 : Top *Modetrotter ;* Chaussettes *Falke*
pp. 129-130 ; 133-134 ; 137 : Robes, corsets et épaulettes *Atelier Fraise au Loup*
p. 129 : Bague *On Aura Tout Vu*
p. 137 : Robe *On Aura Tout Vu ;* Blouson *Suncoo* ; Gants *Causse* ; Chaussures *Erynn*
p. 61 : montre *Nixon* (Frank et Pauline)
p. 114 : robe *Vintage Love* ; poupée *La Grande Récré*

MENTION SPÉCIALE

Veni Vici
Champagne Duval-Charpentier (Claire et Arnaud)
Couleur Caramel (Frédérique Alcazar)
Optique d'Hauteville

Photogravure : Press Prod
Imprimé en France
Dépôt légal : février 2017
N° d'édition : 01
ISBN : 978-2-7499-3140-1
LAF 2314